親鸞万華鏡

東本願寺出版

はじめに

本書は、東本願寺出版が発行する月刊誌『同朋《どうぼう》』に、2017年7月号から2023年6月号まで連載したインタビュー企画「親鸞万華鏡」のうち、30篇を1冊にまとめたものです。

浄土真宗の宗祖・親鸞（1173〜1262）は、生誕から850年に及ぶ長い歴史をとおして人々に敬愛され、その教えや生涯の伝承などが語り継がれてきました。とりわけ近代以降には、数多くの知識人や文化人が、信仰の如何にかかわらず親鸞について語り、その思想や人物像を論じるようになります。その中には、親鸞との出会いによって自らの実存を揺るがされるような衝撃を受け、根本的な思想の転換を経験した人も少なからずいました。そして現在でも、親鸞とその著作は国内外のさまざまな人々に親しまれ、生きる支えや思想的なバックボーンを提供し続けています。

100人の人が親鸞を語れば、100通りの親鸞の姿が見えてくる。そんな多彩な親鸞像を概観するために、「親鸞万華鏡」では、親鸞に関心を寄せる各界の方々にインタビューし、それぞれの親鸞観を語っていただきました。

まるで万華鏡のように、見る人の目の前で刻々と彩りを変え、新しい模様を次々に花開かせる…。本書から、そんな融通無碍な親鸞の魅力を感じ取っていただければ幸いです。

2023年11月1日　東本願寺出版

目次

心《こころ》挫《くじ》けた時に出会った言葉

武田鉄矢
歌手・俳優

撮影：山川哲矢

武田鉄矢 たけだ てつや

1949年福岡県生まれ。歌手・俳優・タレント・作詞家。福岡教育大学卒業（2008年に名誉学士号を授与）。72年にフォーク・グループ海援隊でデビュー。73年に「母に捧げるバラード」がヒット。79年には映画『幸福の黄色いハンカチ』で日本アカデミー賞最優秀助演男優賞を受賞。俳優としても脚光を浴びる。また同年にはTBSドラマ『3年B組金八先生』がヒット。主題歌「贈る言葉」も大ヒットし、同作は2011年までシリーズ化が続いた。

インタビュー：川村妙慶

※このインタビューは『同朋』2018年4月号に掲載されました。

母の法事をきっかけに『歎異抄』の言葉と出会う

――武田さんは、『歎異抄《たんにしょう》』に記された親鸞の言葉をとても大切にされているとお聞きしたのですが。

そうです。うちはもともと浄土真宗の門徒でしたし、親鸞という人は何か不思議なことを言う人だな、ということは昔から思っていました。それで、今から20年ほど前に『歎異抄』を読み始めたのですが、ちょうどその頃に母が亡くなったことがきっかけなんです。

――海援隊のヒット曲「母に捧げるバラード」で歌われた、あのお母さまですね。

ええ。その母が亡くなって、四十九日《しじゅうくにち》の法要が勤まったのですが、その日私は仕事が忙しくて、九州の実家に帰れなかったんですよ。すると兄が怒って、「お前、母ちゃんの四十九日に帰って来られんとか！」と電話でなじられて…。それで私もちょっとムッとして、うっぷん晴らしでドライブに出かけたんです。すると、たまたま車のラジオから『歎異抄』の朗読が聞こえてきて、「親鸞は父母《ぶも》の孝養《きょうよう》のためとて、一返にても念仏もうしたること、いまだそうらわず」という有名な言葉が耳に飛び込んできたんですよ。その言葉の意味がよくわかったわけではありませんが、その一言でとてもほっとして、何か母の法事に帰れなかった自分が許されたような気がしたんです。

――その「親鸞は父母の孝養のためとて…」という『歎異抄』の言葉は、そのあと「そのゆえは、一切の有情《うじょう》は、みなもって世々生々《せせしょうじょう》の父母《ぶも》兄弟なり」と続きます。つまり、武田さんを直接産み育てたのはもちろんお母さまとお父さまでしょうが、その他にも芸能界の先輩やお仕事のスタッフなど、いろんな方々が「武田鉄矢」を育ててくださったわけでしょう。だから、一切の生きとし生けるものは自分の父母兄弟である、と。そんなふうに、親鸞は「父母兄弟」をもっと広い視野で見ていると思うんです。

なるほど。とにかくあの一言はとてもありがたかったですね。その出来事が、『歎異抄』を読み始めるきっかけになりました。

縁しだいで
いつ罪を犯すかわからない私たち

――それから、武田さんがドラマで刑事役を演じられた時に、『歎異抄』の言葉をつぶやいておられたという話もお聞きしました。

ええ。それは2006年にTBS系列で放送された『白夜行』というドラマでした。東野圭吾さんのミステリー小説が原作で、少年と少女が父母を殺害してしまうという、どうしようもなく暗い犯罪の物語です。その中で私は笹垣という刑事の役を演じたのですが、監督さんに交渉して、その刑事は何かあると『歎異抄』の言葉をつぶやくという、脚本になかった設定を加えてもらったんです。

――それはやっぱり犯罪のドラマですから、「悪」とか「悪人」に関わる親鸞の言葉をそこに絡ませたかったのでしょうね。

そうです。『歎異抄』には「善人なおもて往生《おうじょう》をとぐ、いわんや悪人をや」とか、「悪」に関する言葉がたくさんありますね。「悪人」という言葉の意味は、現代と鎌倉時代とでは違うかもしれないけど、人間の心に潜む「悪」というものにあれほど焦点を当てた宗教家は、親鸞を措いて他にはいないでしょう。

――たぶん、武田さんが演じた刑事役は、犯人を追いつめて捕まえたら終わりという役柄じゃないんでしょう。なぜこの人は罪を犯さずにいられなかったか、その人間的な動機を確かめたい人物なんでしょうね。

ええ、ええ。そうです。

――親鸞が語った「悪人」というのは、悪いことをした人という一般的な意味ではなくて、阿弥陀さまから見た悪人なのでしょう。もっと言えば、自らを見つめ、自己をよく知った人なのでしょうね。人間はやっぱり弱いですから、ご縁によって良いことをすることもあるけど、悪事をはたらくこともあるかもしれない。私たちは誰でも、いつ罪を犯すかわからない要素をもっているわけですね。たぶんその刑事さんは、そんな人間の影の部分を追わずにいられない人だったのでしょう。

『歎異抄』には、親鸞が弟子の唯円《ゆいえん》に向かって、「わがこころのよくて、ころさぬにはあらず。また害せじと思うとも、百人千人をころすこともあるべし」と語る場面がありますね。人を殺さなかったからといって、自分の心が善良だったとは言えない。もしそういうめぐりあわせになれば、百人でも千人でも殺すかもしれない、と。ああいう言葉は心が揺さぶられますね。

「凡夫の自覚」がなければ人間はどこまでも傲慢になる

——武田さんが親鸞の言葉を大切にされているのは、どういうところに魅力を感じておられるのでしょうか。

親鸞の言葉って、本当にほっとしますよね。どうしてほっとするかと言うと、やっぱり基本に、「凡夫《ぼんぶ》の自覚」と言いますか、人間はみんな凡夫だという考え方があるからでしょう。

自分が凡夫だという自覚は大切だと思うのですが、そのことを忘れてしまうこともよくあります。自分だって、いろいろなご縁に助けられてここまで生きてきたのですが、そのことを時おり自分の才能と勘違いしたくなることがあるんですね。そこで、親鸞の言うとおり人はみな凡夫だということを忘れてしまうと、人間はだんだん傲慢になっていきます。芸能界というのは、そのことを強く感じさせてくれる世界ですよ。
――そうですね、芸能界は勝ち負けがはっきりついてしまう厳しい世界ですから。だからこそ、どれだけ成功しても、自分を原点に立ち返らせてくれるような信念がないと、どんどん慢心していきそうですね。

やっぱり凡夫の自覚ですね。自分だって一人の凡夫にすぎないという自覚をいつももっていないと、自分が何か特別に選ばれた人間のように思い込んでしまう。そして、そういう自惚れがいちばん仇になるんです。

時々思うことがありますけど、「選ばれた」というのは「捨てられた」のと同じなんですね。例えばオーディションで100人の中から1人選ばれたというのは、100人のうち1人捨てられたというのと同じ意味じゃないかと思います。選ばれるというのは、寂しいものですよ。いろんなストレスやプレッシャーに晒されますしね。
――そういえば以前、受験生だった頃の思い出を新聞に書いておられました。最初は憧れていた坂本龍馬について学びたくて、高知大学を受験したけれども失敗して、お母さまの勧めもあって福岡教育大学に進学した。それが結果としてよかったと。

そうです。もし高知大学の受験に失敗していなかったら、海援隊の仲間に会うこともなかったし、芸能界に入ることもなかったでしょうしね。私のすべては、海援隊の仲間と一緒にフォークソングをつくることから始まったんですから。

母のタバコ店の灯りのように闇の中で輝く言葉たち

——その海援隊の「母に捧げるバラード」がヒットしたことが武田さんを人気者に押し上げたわけですが、あの曲で〝ぼくに人生を教えてくれた〟と歌っておられたお母さまの影響がやはり大きいんでしょうね。

そうですね。言われてみれば、母もやはり今ずっと話してきたような考え方をする人でした。

——いちばん記憶に残っている思い出は何でしょうか。

母は、タバコ店を営むかたわら、内職で仕立てや繕いものを引き受けていて、夜遅くまでミシンを踏んでいることが多かったんですね。そんな時、母は店を閉めないんです。深夜にタバコを買いにくるお客さんもいたので。

私が高校生や大学生の時、夜遅く家に帰ってくると、真っ暗な中でわが家の灯り、武田タバコ店の灯りがひとつだけ、遠目にもありありと分かるぐらい、道端に光を落としているんです。それが、真っ暗な海に一艘だけ船が浮かんでいるような感じで…。

なぜ遅くまで店を閉めなかったのか。後年、母がぼそっと話してくれたことがあるのですが、そのあたりは住宅地で、一人暮らしの大学生や、夜遅くまで働く女性たちのアパートなんかも多かったんですね。それで母は、その人たちが帰ってくる時の街灯がわりになるよう、わざと道端に光をこぼしていたみたいなんですよ。

——**光が見えると安心感がありますものね。**

母は、別に教養のある人じゃなかったけど、そういう〝公《おおやけ》の精神〟をもっている人でした。今にして思えば、暗い中でぽつんとともっていたあの灯りが、彼女の生き方そのものだったんだろうと思います。

ところで私は、その時々で印象に残った親鸞の言葉を抜き書きしているんですよ。その中で、いちばん好きな言葉をひとつあげると、『歎異抄』に「苦悩の旧里《きゅうり》はすてがたく、いまだうまれざる安養《あんにょう》の浄土はこいしからずそうろう」というのがあるでしょう。

――『歎異抄』の第9章にある言葉ですね。私たちは苦悩に満ちたこの世を離れて、浄土に生まれることを願っているはずなのに、実際には今生きているこの世界をなかなか捨てる気になれない。それに、どれほど安らかな世界だと聞かされても、まだ見たこともない浄土が恋しいとは思えない、と。親鸞は、そんなふうに煩悩に満ちた私たちをこそ哀れんで、阿弥陀さまが本願《ほんがん》をたててくださったのだから、いよいよ浄土への往生はまちがいないと教えているんですね。

この言葉は値千金《あたいせんきん》です。最後の最後まで、この苦悩の旧里にしがみついて生きていこうと思うと、なぜか生きる勇気が湧いてくるんですね。この言葉を、闇の中で一人つぶやいていることがあります。私にとってこの言葉は、それこそ母のタバコ店の灯りのように、闇の中で輝いているように思えるんです。

――武田さんは本当に言葉とたくさん出会っておられますね。

ええ。心が挫《くじ》けたり、折れそうになったり、へこんだり萎《しお》れたりした時に、なぜか必ずすてきな言葉との出会いがやってくるんですよ。これからも、そんなふうに言葉たちと出会いながら生きていこうと思います。

家族論の視点から

芹沢俊介

評論家

撮影：岡本 淑

芹沢俊介 せりざわ しゅんすけ

1942年東京生まれ。評論家。上智大学経済学部卒業。82年に『「イエスの方舟」論』(現在・ちくま文庫)で注目を集め、以後、家族、暴力、宗教、ひきこもりなどをテーマに批評活動を続ける。『若者はなぜ殺すのか アキハバラ事件が語るもの』(小学館新書)、『「存在論的ひきこもり」論 わたしは「私」のために引きこもる』(雲母書房)、『家族という意志 よるべなき時代を生きる』(岩波新書)、『宿業の思想を超えて 吉本隆明の親鸞』(批評社 サイコ・クリティーク)、『子どものための親子論〈親子になる〉という視点』(明石書店)など著書多数。2023年3月に死去。

インタビュー:花園一実

※このインタビューは『同朋』2017年9月号に掲載されました。

『歎異抄』第5章を別れと再会の視点から読む

――芹沢さんはすでに色々なところで親鸞を論じておられますが、そもそも親鸞に関心を持たれたのはどういうところからだったのですか。

親鸞について最初に書いた文章は『歎異抄《たんにしょう》』の第5章についてでした。それまでやってきたのが家族論だったものですから、5章がいちばん自分にとっては取っつきやすかった。〝凄いことを言っているな、この人は〟という感じでしたね。

――「親鸞は父母《ぶも》の孝養《きょうよう》のためとて、一返にても念仏もうしたること、いまだそうらわず」、つまり亡くなった父母の供養のために念仏したことは一度もない、というところですね。

はい。不思議と家族を見捨てているような感じはしない。最初の印象は逆でしたね。

――一見すると冷たい言葉のように聞こえますが、あれは家族を捨てているのではなく、「家族だから供養する」という私たちの発想を否定しているのでしょう。

親が死んだり、子が死んだりと、私たちの世界において「別れ」は必然です。しかし、そこから別れた人とどう再会していくのか。そのことをテーマにしてあの章を読もうというのが最近の着想なんです。

僕の中で、『歎異抄』第5章は宮沢賢治の『銀河鉄道の夜』と重なります。物語では、主人公のジョバンニは親友のカムパネルラとずっと一緒にいたかったけど、別れることになってしまう。つまり死別です。カムパネルラは賢治の亡くなった妹・トシの投影ですね。そこでジョバンニが泣いていると、ブルカニロ博士という人物がやってきて、「お前の友だちは遠くに行ってしまった。探しても無駄だ。もし一緒に行きたいのなら、みんなの幸いを探しなさい」といったことを言うのです。その先であれば、カムパネルラにまた会えるし、ずっと一緒に歩めるだろうと。だから、乱暴に言えば、これは不可能な中に再会の機会を探す物語ですし、そのイメージと『歎異抄』第5章は重なるような気がします。

――『歎異抄』第5章というと、私たちは条件反射的に追善《ついぜん》回向《えこう》（註1）の問題と考えがちです。しかし、肉体が失われ、もう会えなくなってしまったからこそ、生きていた時よりもっと深い場所で出会っていける。そういう「出会い直し」というテーマで読み直すこともできるのかもしれませんね。これはすごく新鮮な視点だと思います。

（註1）追善回向…自ら善行を積み、その功徳をふり向けて死者を供養すること。

生の問題を重層化する
親鸞の往生論

図に乗って言うと、既存の解釈から自由な立場にあることは、親鸞に出会う時のメリットになりうる気がします。〝亡くなった人はどこにいくのだろう、どうすればまた会えるのだろう〟というのは、一般人の発想じゃないですか。親鸞にも「浄土で必ず待っていますす」といった内容の手紙がありますね。あれは本心からのものだったのかもしれません。

――現代人は死後とか来世という言葉を聞くと、すぐ迷信と思いがちですが、当時の死生観はもっと緩やかだったのだろうと思いますね。

来世というのは、信じるか信じないかという問題だと思うのです。信じなければ来世はない。信じれば来世は現世の中に入って来る。つまり現在の問題として来世が語られる。それによって、僕らは生きるという問題を重層化できるような気がします。親鸞はそのような意味での現世に徹底してこだわった人ではないでしょうか。往生《おうじょう》について、それは死後のことか現生のことかという議論がありますが、きっと親鸞は死後往生はどうでもいいと思っていた。現生正定聚《げんしょうしょうじょうじゅ》（註2）という一点を掴んだら、それでもう死後の問題は現在の問題にまで下りてくるのです。

――『歎異抄』第2章では、念仏によって地獄に行くか極楽に行くかは自分の知るところではないと親鸞は言っていますね。別に極楽に行けるから念仏するわけではないと。

つまり利益で捉えていないんですね。極楽に行けるから念仏するというのなら、それは経済的な取引と同じです。信じるだけで浄土に往生できるなら、お得だなと。そういう経済的な感覚が信仰のプリミティブ（原始的）な部分にはありますね。「交換」の発想です。僕なんかそのレベルですよ。親鸞はそこを踏まえて、「選択」、ただ「選ぶ」というところまで突き詰めた、というか飛躍させた。自分は法然を信じたのだから、それによって地獄に堕ちても構わない。ここまでいくと、もう信は功利性も因果論も超えてしまっている。驚きます。

（註2）現生正定聚…現世において、後に必ず仏に成るという位が定まること。

「親鸞ならどう考えるか」と問うことの大切さ

――親しくされていた故・吉本隆明さんから受けた影響というのはあったのでしょうか。

計り知れないほどです。親鸞に関しては親鸞の凄み、深さかな、そういうものを教えられましたね。吉本さんの特徴は、こういう問題なら親鸞はこう考えてたよな、ということをずばりと言うのです。例えばオウム事件の時、麻原彰晃は浄土に行けるのかという問いを立てて、「親鸞なら行けると言うだろう」と言い切った。そうした発言に対して、真宗の方たちからも反発の声が出ました。だけれど、僕は〝この人は凄いことを考えているな、こうでなくっちゃね、思想というのは〟と思いました。

――「親鸞の教えにこうある」ではなく、「親鸞ならこう考える」というのは大事な視点です。かつて金子大榮《だいえい》という先生が、真宗学について「親鸞の著作を学ぶのではなく、親鸞の学び方を学ぶのが真宗学である」と定義されたことがあるのですが、まさにそういうことを吉本さんはされていたのかなという感じがします。私たちはどうしても教義解釈になりがちですから。

教義解釈というのは、下手をすると予定調和になっていきますね。でも生きた現実は常に変化しますから、それでは対応できなくなってしまう。「親鸞ならどう考えるか」を問うことは、必然的に自分自身を問うことです。当然、そこに自分が生きている時代社会の問題も入ってきます。だから親鸞について考えていると、今自分が悩んでいる問題を抱えたまま、さらに遠くへ連れて行ってくれるような気がして、それはほんとうにありがたいと思いますね。

――芹沢さんが犯罪を論じた文章などを読むと、人間の業《ごう》に対する深い視点があると感じます。犯した罪の内容だけでなく、なぜそうせざるを得なかったのか、その背景を注意深く洞察し、最終的に自分もまた同じものを持っているというところまで突き詰めていく。ある意味で人間存在に対する深い信頼があるというか、それはすごく親鸞的だなと思います。

家族論を一貫して追求し、見えてきた〝親鸞的なもの〟

意識していたわけではなかったのですが、後から少しずつこれは親鸞的なのかもしれないと思うようになりました。

僕が最初に子どもの暴力を論じた時、「イノセンス（根源的受動性）」という概念を作ったのです。子どもは生まれるに当たって、命も身体も性も親も、何一つ選んでいない。徹底して受け身で生まれてくる。だからあらゆるものに対して一切責任がない、無力である、という意味です。

ということは、子どもは自分という存在の責任者、「受けとめ手」というものを求めているのです。自分だけの特定の受けとめ手を求めている。受けとめ手が現れなければ、いのちをつなぐことはできないからです。

赤ちゃんはそのような意味で、まさに存在のまるごと全部でイノセンスを表出しているということになるでしょう。

僕は、子どもの暴力とは、すべてイノセンスの表出であるという考え方を提示したんですね。なぜならイノセンスの表出は、受けとめ手に受けとめられれば終わりますが、受けとめられなければ繰り返し表出される。そのたびにエネルギーが加わるので、受けとめる側は、しだいにそれを暴力だと感じはじめる。単純に言えばそんな暴力論だったのです。

——それを聞いて思い出したのが、かつてある真宗学の先生が講義をされていた時、会場の外で暴走族が騒音を立てて走り回っていたことがあったそうです。それで講義を聴いていた人が「止めに行ってきます」と飛び出していこうとされた。でも先生はそれを制止し、「あれは彼らの宗教心のあらわれです」と言われたそうです。つまり暴力や迷惑行為にしか見えなくても、その裏に〝自分は本当に生きたいのだ〟という宗教心があることを見抜かれた。彼らの中のイノセンス、やり切れなさや寄る辺ない気持ちが、ああいう形で表出しているということなのでしょうね。

そう思います。見事な対応ですね。

僕はその後イノセンスの問題を通して、やがてイギリスの精神科医ドナルド・ウィニコットの思想に出会います。「対象関係論」といって、母と子は表出する者とその受けとめ手という一対の切りはなせない関係にあるという考えです。そして、自分が自分として「ある（being）」という存在感覚は、その表出を受けとめられることによって獲得される。人間にとっては、その存在感覚が最も基底にあって、行為つまり「する（doing）」はその後に来るものである。この考え方も、親鸞における自力と他力の関係にすごく近いところにあるように思えます。

思えば、そうやって自分の中に少しずつ親鸞的なものが現れてきたということでしょうか。

——今日お話をお聞きして、芹沢さんは家族論という一貫した視点で親鸞を見ておられるのだなと感じました。

『歎異抄』は、読む人によって表す表情が全然違ってくる。そういう余白があるのが面白い。それが正しいか間違っているかではなくて、出会い方の違いなんだという懐の深さがあるような気がします。出会い方は読む年齢、置かれている立場によっても変わってくる。まるで「お前が今生きている場所で考えろよ」と言われているような自由さと同時に厳しさがあります。これから数年後、僕は生きて今度はどのような声が親鸞と唯円《ゆいえん》から聞こえてくるのか、非常に楽しみですね。

「死者論」の視点から

若松英輔
批評家・随筆家

撮影：岡本 淑

若松英輔 わかまつ えいすけ

1968年新潟県生まれ。慶應義塾大学文学部仏文学科卒業。2007年「越知保夫とその時代 求道の文学」にて第14回三田文学新人賞評論部門当選、16年『叡知の詩学 小林秀雄と井筒俊彦』（慶応義塾大学出版会）にて第2回西脇順三郎学術賞受賞、18年『詩集 見えない涙』（亜紀書房）にて第33回詩歌文学館賞詩部門受賞、同年『小林秀雄 美しい花』（文藝春秋）にて第16回角川財団学芸賞、19年第16回蓮如賞受賞。著書に『イエス伝』（中公文庫）、『悲しみの秘義』（文春文庫）、『弱さのちから』『詩集 美しいとき』（共に亜紀書房）、『藍色の福音』（講談社）など多数。

インタビュー：花園一実

※このインタビューは『同朋』2017年12月号に掲載されました。

死者たちの言葉の通路になること

――エッセイ集『魂にふれる―大震災と、生きている死者』（トランスビュー）など、東日本大震災後に若松さんが書かれていた死者論を拝見して、とても感銘を受けました。死者を、単に概念や記憶としてではなく、いま私の中を生きている確かな実在として捉えていく。私たちは常に死者と共に生きているのだと。私たち僧侶の役割も、「人は死ぬ」ということだけでなく、実は「人は死なない」ということを、しっかり伝えていくことなのかもしれません。

それはとてもいいですね。

――考えてみれば親鸞にとって死者の存在はとても大きいですね。例えば『教行信証《きょうぎょうしんしょう》』は、「文類《もんるい》」というかたちで8割以上が死者の言葉によって紡がれている。それも自分の主張を根拠づけるための引用ではなく、親鸞自身が死者たちの言葉の器になっているような印象を受けます。

死者と共に生きるというのは、死者そのものを語るのではなく、死者の言葉の通路になることです。逆に一番やってはいけないのは死者を代弁すること。例えば今、日本が再軍備化しようとする流れの中で、それを亡くなった人たちが望んでいるのだという意見がありますが、それでは死者を利用してしまっている。死者の言葉の通路になる時に、私たちに求められるのは「無私」であることです。親鸞が試みたのはまさにそれだったのではないでしょうか。

――確かに「正信偈《しょうしんげ》」などを見ても全く〝私〟が無いですね。親鸞が受け取った、経典や七高僧《しちこうそう》の言葉を並べて、最終的に「唯可信斯高僧説《ゆいかしんしこうそうせ》」、〝ただこの高僧の説を信ずべし〟と終わっていく。私の言うことを信じろ、ではないのです。この態度は、親鸞の著作の中で徹底されているように思います。

　同じ言葉であっても、それを置く場所によって全く異なった意味が開かれてくる。親鸞はここに気がついていたのだと思います。先人の言葉をただ並べていく。その並べ方によって見事に思想が表現されています。彼は代弁者ではなく、まさに死者たちの言葉の通路になっていた。こんなやり方は前代未聞だし、現代で言うなら、それは批評の原点のようなものではないでしょうか。

　私が批評家として親鸞から非常に影響を受けるのは、そこなのです。引用というのは、実は書くよりずっと難しい。まず引用するためには、言葉に出会わなければいけません。この出会うという作業が何より難しいのです。資料をただ全部引っぱってくるのなら簡単な話でしょう。ある部分を取り出し、結合させながら全体を描いていく。それは自分で書くよりもずっと難しい作業だと思います。

イスラーム学者でもある哲学者の井筒俊彦が「東洋哲学の共時的構造化」ということを言っています。時代の流れや順序を取っ払って、永遠の今の出来事として、昔の人の言葉を持ってきて甦らせる。親鸞がやっていたのはまさにそれで、その意味で『教行信証』は、とても現代的な書なのだと思います。それどころか、哲学の最前線と言ってもいい。これまで『教行信証』を哲学的に解明し、その中に西洋的な何かを見つけるという試みはなされてきましたが、実は『教行信証』で問われた構造そのものが、新しいというよりも、決して古びないものになっているのだと思います。この古くならないものを提示できたというのが親鸞の凄いところです。

死者と夢は分かつことができない

——また親鸞は、そうやって引用した言葉を大胆に読み替えるということをしていますね。例えば『仏説無量寿経《ぶっせつむりょうじゅきょう》』に出てくる第十八願成就文《じょうじゅもん》の一部を「至心《ししん》に回向《えこう》したまえり」と読むなど、普通は絶対にしないような読み方を、親鸞は平気でやっています。それは2、3回読んだくらいではとてもできない。すごく深いところで言葉に出会っていたのでしょう。

これも井筒が用いた概念ですが、井筒は言葉というものを漢字の「言葉」とカタカナの「コトバ」で使い分けています。眼に見える記号的な文字としての「言葉」は、言葉以前にある、眼に見えない「コトバ」の表層に過ぎない。親鸞は明らかに、見える「言葉」を通じて、この見えない「コトバ」にふれています。そして見えない「コトバ」にふれた時、見える「言葉」の意味や表現が変わってくるというのは当たり前だろうと思います。人だって親しくなれば親しくなるほど言葉遣いが大ざっぱになるでしょう。親鸞が言葉を深く読んでいった時、その時代に敢えてそのように表現されたことの、さらにその奥にある意味の世界が見えていたのだと思います。

もう一つ、私たちが『教行信証』を読む上でとても大事だと思うのは、あの書が未完であるということです。終わりがない。親鸞は最後まで手を入れ続けていますね。すでに直したところにさえ、何度も手を入れている。だから親鸞の言葉を必要以上に絶対化してしまうことは避け、自分たちが未完の書を読んでいるという自覚を持った方がいいと思います。未完であるということは、つまりあの書を、私たちは親鸞と一緒に書き継いでいかなければならないということです。親鸞の態度に倣うならば、すでに書かれたところすら、これから変化していく可能性がある。だから定着した動かない言葉として読むのではなくて、動く言葉として読んでいくということが大事なのではないですか。また今後、時代が進むことによって、新たに読めるようになってくることもあるでしょう。

——死者論という視点から考えて行くと、もう一つ親鸞にとって大切な死者の存在は聖徳太子ではなかったかと思います。つまり夢告《むこく》ですね。親鸞は19歳と29歳の時に太子からの夢告を体験し、どちらも大事な人生の分岐点になっていると思います。この死者と夢の関係についてはいかがでしょうか。

死者は夢を見ません。心理学者の河合隼雄が『明恵《みょうえ》　夢を生きる』(講談社＋α文庫)の中で、「神々は夢を見ない。神々は夢を用いるのだ」と言っていますが、死者もまた夢を見ず、夢を用いるのでしょう。夢というのは人間の出来事です。でもあちらの世界とこちらの世界の橋渡しをするものであり、中には強い衝撃を持った夢というものがあると思うのです。

夢はある意味で暗号ですから、それを読み解く訓練を必要とします。親鸞も2回の夢告の間に10年の歳月がありますね。私たちが親鸞の夢告を考える時にとても大事なのは、その10年の間に彼の中で、どう夢の読み解きが変化していったかではないかと思っています。出来事として2回あることはもちろん大事ですが、おそらくこの間に親鸞の中に何か準備が整ったからこそ2回目の夢があったわけです。河合さんも、時期が伴わないとそういう夢が訪れることもないということを書いています。夢はその人の何かが大きく変わる時が到来することを告げているのでしょう。死者と夢は、分かつことができないと思います。

悲しみの器はどこまでも深まっていく

――若松さんは、震災や大切な人を亡くされたご自身の体験を通じて、人間にとって悲しみという感情がいかに重要であるかということを語られています。親鸞もまた自らの悲しみから目を背けることなく、徹底して見つめていった、まさに悲しみに生きた宗教者ではなかったかと思います。

親鸞という人は徹底して悲しみの器であり得た。そこがすごいところなのです。私たちは自分の悲しみをあまりに大事にするがゆえに、他者の悲しみを受け取ることを忘れてしまいます。私が親鸞に一番影響を受けたのは、人間の悲しみの器は、どこまでも深まっていくものであることを教えられたことなのです。

今、私の悲しみの器は、自分の涙でいっぱいになってしまった。これ以上、誰かの涙を受け取ることができません。すると親鸞は、何を言っているんだ、お前の悲しみの器は、どんどん大きくなって、深まっているじゃないか、と言ってくれている気がします。お前の涙は一滴たりともこぼれることはない。多くの涙を受け取れば受け取るほど、お前の器は大きくなるのだよ、と。

涙というのは自分の愛する人との日々の証のようなものです。それがこぼれ落ちるなんて自分にはとても耐えきれない。でも、そこに他者の涙を入れれば入れるほど、この器は大きくなるのだよと。これが、私が親鸞から教わった、とても大切な事柄でした。

――若松さんが強く影響を受けておられる、作家・石牟礼《いしむれ》道子さんの『苦海浄土《くがいじょうど》』(講談社文庫)の中で語られている人々もそうですね。水俣病という想像を絶するような苦しみの中で、その悲しみの中に、尽きることのない愛があり、豊かさがあることを私たちに教えてくれています。

水俣病の問題から問われているのは、苦しんでいる人が苦しんでいると言えない出来事に対し、どう向き合っていくのかということなのでしょう。苦しんでいる当人が「苦しい」と私たちに言ってくれればいいわけです。でも現実は、本当に深い悲しみに打ちひしがれている人は、涙も流せないし、本当に苦しんでいる人というのは、苦しいという言葉を発することさえできないのではないですか。

その時、私たちがその苦しみをどう映し取ることができるのかが問われていると思います。彼らの声にならないコトバというものを、どう聞き取っていけるのか。そこに宗教が担うべき大きな役割があるのではないかと思います。

「自《じ》然《ねん》法《ほう》爾《に》」の言葉に導かれ

桜井洋子

アナウンサー

撮影：岡本 淑

桜井洋子 さくらい ようこ

1951年新潟県生まれ。明治大学文学部卒業。75年にNHK入局。一貫して東京アナウンス室に勤務し、午後7時の「NHKニュース」、「NHKスペシャル」など報道番組を約25年間担当。その後、「NHKアーカイブス」、「NHK食料プロジェクト」など、文化・教養番組のキャスターを数多く務める。チーフアナウンサー、エグゼクティブアナウンサーを経て現在はフリー。

インタビュー：川村妙慶

※このインタビューは『同朋』2017年11月号に掲載されました。

浄土真宗の信仰篤い地に育まれて

――桜井さんは、長年にわたりＮＨＫのアナウンサーとして活躍してこられましたが、大学の卒業論文ではなんと親鸞のことを取り上げられたそうですね。

ええ。実は私の出身地は新潟県の直江津《なおえつ》（現・上越市）なんですが、ご存じのとおりそこは親鸞と深い縁がある地域でしょう。

――越後（新潟）は、親鸞が１２０７（承元元）年の「承元《じょうげん》の法難」で流された地ですし、昔から浄土真宗の信仰がとっても篤い土地柄ですね。

はい。私の父は大谷派のお寺の熱心な門徒で、同朋会《どうぼうかい》（註）の役員までしていたぐらいですから、浄土真宗の教えはいつも身近にありました。

お寺さんも身近でした。なぜかと言うと、私が小学校に入る前に、3歳年下の弟が亡くなったんですね。それ以前に、姉も幼いうちに亡くなっていたので、家には姉と弟の月命日《つきめいにち》に毎月お寺さんがお参りに来てくれました。その時、お花を用意してお寺さんをお迎えし、お茶を差し上げてご接待することが小学生だった私の役目だったんです。

さらに、弟が亡くなる前に、家に1羽のインコが迷い込んできたことがありました。とても可愛くて一生懸命に世話したのですが、1週間ほどして、それが町内の他のお宅の飼い鳥だったことがわかり、ある日突然、私の前からいなくなってしまいました。その後、可愛がっていた鶏を、親が近所の方に差し上げてしまったという出来事もあり、小さな喪失感が心の中に澱《おり》のように溜まっていった、そんな時期もありました。でも、大切な存在が目の前からいなくなっても、どこかでつながっている世界がある…。そんなふうに思えたのは、やはり浄土真宗の教えが身近にあったからだと思います。お寺さんとお話をしていると、なぜか亡くなった弟とも心を通わせているような感覚もありましたしね。

――初めて親鸞という人物を意識したのはいつだったのでしょう。

子どもの頃の遠足ですね。流罪に遭った親鸞が最初に越後に上陸した居多ケ浜《こたがはま》や、初めて庵を結んだ五智《ごち》国分寺などによく行きましたから、親鸞は身近な名前でした。

――本当に親鸞とご縁の深い土地で育たれたんですね。

(註)同朋会…お念仏の教えをお寺や地域や職場などで聞く集い。

あるがままの姿で誰もが平等に救われる教え

――それにしても、大学の卒論にまで親鸞のことを取り上げたのはなぜでしょう。

親鸞が晩年の手紙に書いた「自然法爾《じねんほうに》」という考え方に惹かれたんです。

――「自然法爾」とは、『末燈鈔《まっとうしょう》』に収められた親鸞86歳の時のお手紙に出てくる言葉ですね。「自然《じねん》というは、自はおのずからという。行者《ぎょうじゃ》のはからいにあらず、しからしむということばなり」と始まる文章が有名です。どうしてその言葉に惹かれたのでしょう。

話はまた子ども時代に遡りますが、父が福祉関係の仕事をしていたので、私は足の悪い方や目の不自由な方などがいつも身の回りにいる環境で育ってきました。ですから、ハンディキャップのある方への差別など考えたこともなかったのですが、大学に入ってから、社会には少数者への理不尽な差別があることがわかってきたわけです。その点、親鸞の考え方というのは、「自然法爾」でも「悪人正機《あくにんしょうき》」でもそうですが、文字が読めなくても、教えを聞いたことがなくても、たとえ悪事をはたらいたとしても、あるがままの姿で、みな等しく平等に救われると。そういう教えがあることに強く惹かれて、調べてみようと思ったんですね。

それに、新潟は良寛さまの出身地でもありますが、良寛もまた、「いかなるが苦しきものと問うならば、人をへだつる心と答えよ」という歌を詠んでいます。人をいちばん苦しめるものは何かと問われたら、それは人を隔てる心、つまり差別する心だと。新潟は雪が多いですから、みんなで力を合わせて生きていかなくてはならない地域です。良寛にしても親鸞にしても、そうした風土の中で平等の精神を身につけていったのではないか。私自身も雪深い中で暮らしてきた経験がありますから、よけいにそう思います。

――そうですね。親鸞は越後に流され、数年後に流罪を解かれてもすぐには京都へ帰らなかった。そして越後の地で、これまで見たことのない風土の中で苦しんでいる方、文字も読めず、職業差別を受けている方などを目の当たりにしたことが大きな転機になったのでしょう。桜井さんもまた、新潟の地で生まれ育ち、福祉関係の仕事をなさっていたお父さまのもとで様々な方と出会われたことで、〝選ばず、嫌わず、見捨てず〟という仏さまの摂取不捨《せっしゅふしゃ》の心を身に着けてこられたんでしょうね。

そんなふうにすべてを平等に受け止めるという心は、今こんな時代だからこそ改めて思い返すべきことのような気がします。

感謝の気持ちが謙虚な生き方につながる

――ところで、桜井さんが長年なさっているアナウンサーというのも、たいへんなお仕事ですね。いろいろな人間関係があるでしょうし、放送で話した言葉は消しゴムで消せませんからピリピリすることもあるでしょう。

それはもう、ミスした後は、舌を噛んだつもりでも翌日ちゃんと生えてくるんですね（笑）。

ですが私はアナウンサーとして、まだ恵まれていた方だと思います。「男女雇用機会均等法」が１９８６年に施行され、それと共に女性の活躍の場が広がっていった。そういう時代の後押しがあったからこそ、現場でずっと仕事をしてこられたのだと思います。いろんな方に育てていただいた。感謝しなければ、と思いますね。

――そういう人に対する感謝の気持ちが基本におありになるからでしょうが、桜井さんの言葉にはいつも人並みはずれた謙虚さを感じます。それはまた、ひとりの凡夫《ぼんぶ》として生きるという親鸞の生き方とつながっているように思うのですが。

そうですね。生き方にまで徹底しているかどうかわかりませんが、いつもみんな平等という考えでずっと来ましたから。それに、私の母は「何さんの気でいるんかね」というのが口癖でした。〝何さまのつもりだ〟ということですけど、私自身もその言葉でずっと自分を戒めてきたということがあります。

大好きな向田邦子さんに「味醂干《みりんぼ》し」というエッセイがあります。向田さんはお酒好きでグルメでしたから、あちこち高級なお店に食べに行ったりもした。でも、戦中戦後の貧しい時代に育って、普段の食卓には味醂干しのようなささやかなものしかなかった。だから、いつもそれを忘れないで原点にしなさいと戒めるように、〝お前の出性は味醂干しなんだ〟と天の声が聞こえると。そういう文章を書いておられるんですね。ですから私も、ＮＨＫにいたおかげでいろんな有名な方とお会いしたり、華やかな場に身をおいたこともありますけれど、自分の原点は直江津のあの質素な家だったんだと、そのことをずっと意識して生きてきましたし、これからもきっとそうだろうと思います。

――私は、自分を見失いかけた時など、よく先生から「新潟へ行け」と言われます。居多ケ浜に行って親鸞が見ていた景色と向き合え、と。私は新潟出身じゃありませんが、自分自身を取り戻す大切な場がそこにあるんだと感じます。

こだわりから解放され ありのまま自然体に

2004年には、父の17回忌で帰省していた時に新潟県中越地震で被災し、それがきっかけになって東日本大震災など数多くの震災報道に携わってきました。そんな中で被災された方にお話をうかがうと、例えば福島の原発事故で避難されている方など、やはり〝ふるさとへ帰りたい〟という切実な思いを口にされるんですね。自分が生まれたところへ帰りたいというのは当然の思いですし、自分自身が住みたいところに任めるということこそ、人間の尊厳の基本だという気がします。

全国でどんどん過疎化が進み、「限界集落」が問題になっていますけれども、私だって自分自身、新潟という雪深い地域で生まれ育ち、そこから東京へ出てきた人間です。それだけに「地域」で生きるということを柱に仕事をやっていきたいという思いがあります。

また、2000年代には、教育テレビで「ハートをつなごう」という福祉情報番組を担当しました。そこでは、例えば虐待を受けた方やLGBT（性的少数者）など いろんな方のお話をお聞きしたんですが、みんな素晴らしい方々なんですね。それなのに、あるがままに生きることが難しく、それぞれに生きづらさを抱えておられます。

近年、私自身もある意味では少数者だと気づかされることがあります。ひたすら仕事をして私は結婚していないのですが、この歳になって独身と言うと気の毒な人を見るような視線を感じることもあるんですね。そういう私自身も含めて、みんなが生きづらくない世の中にするために、微力ながら放送を通して何かできればと願って仕事をしています。

――私は、いろんな挫折の果てに親鸞の教えと出会い、それまで〝こう生きなければ〟、〝こうしなければ〟とあれこれこだわっていたことが、お念仏ひとつで考え方が変わったんですね。こだわりから解放されて、ありのまま自然体で生きられるようになった。「自然法爾」という言葉も、そういうことを教えているんだと思います。

そうですね。そんなふうに、いわゆる「宗教」を超えた人間本来の願いと言うか、大切にしなければいけないものがあるような気がします。「宗教」と言うと、どうしても宗派の違いといった壁ができてしまいがちですが、本当は決してそういうものだじゃないと思うんですね。親鸞も「自然法爾」の文章の中で、仏とは形のないものだと言っています。親鸞の言葉が、あるがままの自分を生きることに無理なくつながれば、と思います。

常にゆらぎ続ける「となりの親鸞」

中島岳志

東京工業大学教授

中島岳志 なかじま たけし

1975年大阪生まれ。大阪外国語大学卒業。京都大学大学院博士課程修了。北海道大学大学院准教授を経て、現在は東京工業大学リベラルアーツ研究教育院教授。専攻は南アジア地域研究、近代日本政治思想。2005年、『中村屋のボース インド独立運動と近代日本のアジア主義』（白水社）で大佛次郎論壇賞を受賞。その他『「リベラル保守」宣言』（新潮文庫）、『血盟団事件』（文春文庫）、『親鸞と日本主義』（新潮選書）、『思いがけず利他』（ミシマ社）など著書多数。

インタビュー：花園一実

※このインタビューは『同朋』2018年2月号に掲載されました。

親鸞と本来の保守思想とはどのように交わるのか

――中島さんは「リベラル保守」という立場を表明され、親鸞思想と保守思想をご自身の立脚地とされていますね。ただ保守思想というと、やはり右翼をイメージしがちですし、いわゆるネット右翼のように排他的で民族主義的な考え方という誤解も受けやすいのではないかと思います。そういう中で、中島さんがおっしゃるような本来の意味での保守思想と親鸞の思想とがどのように交わっていくのでしょうか。

大学に入って間もない頃、評論家・西部邁《すすむ》氏の著書を通じて保守思想に出会いました。そこから18世紀イギリスの思想家エドマンド・バークなど様々な人物の思想にふれたのですが、でも同時に、今の日本の保守と言われる人たちの論説を読んで、すごくがっかりしたのです。単なる近隣諸国の悪口だったり、自国の過去の行為を正当化するだけだったり…。こんなものは保守ではないという憤りを感じながら、「保守」とは何なのかということをずっと考えてきました。

近代保守思想の父と言われるエドマンド・バークは、フランス革命時に、隣のイギリスで「あれはおかしい」と言っていた人です。なぜかというと、フランス革命を推し進めた近代主義者たちは、人間の理性に対して無謬の信頼を置いてしまっているからだと。合理的な考えは進歩した社会を生み出す。だから正しい理念を持った者が革命を断行し、それによって理想社会に到達するというのが、近代主義者の発想です。しかし、バークはその人間の理性を疑った。どんなに頭が良い人でも必ず間違えるし、事実誤認をしてしまう。世界の全体を正確に把握することは誰もできないし、どうしたって嫉妬やエゴイズムが渦巻いてしまうものだと。だから人間というのは、どうやっても不完全なものでしかないとバークは言ったのです。

──確かにその発想はすごく親鸞的ですね。

その不完全な人間によって構成される社会もまた不完全でしかあり得ない。ではその中で秩序というものをどう保っていけるのかという時、バークは理性を超えた二つのものに重要性を見出しました。

まず一つは社会的な経験知。長い歴史の中で、人々の間に培われた慣習や良識です。これは有名な人が書いた思想書などではなく、無名の人たちが日常の中で紡いできたような叡智です。言葉にもならない、でも私たちの生活の土台になっているような暗黙知。それを大切にしていこうよと。もう一つは、神の存在です。つまり人間の不完全性を認めるには、完全なる存在の超越性がなければならない。逆に言えば、超越的な神の存在を想起する時、反省的に自分たちの不完全性が突きつけられる。さらに彼は「原罪」ということを重要視します。人間は根本において罪を背負っている。だから完成されないのだと。

この超越軸と歴史軸の上に人間が立たされている以上、その二つに照らされながら徐々に世の中を変えていくこと、つまり漸進的な改革しか人間にはできない。理論に頼って、一気に革命で世の中を変えようとすれば、どうしても破壊や秩序の崩壊が起きてしまうだろうと。そうした考え方が、本来の保守思想というものだったのです。

こういうことを学んできた私にとって、親鸞の思想は初めからすごく共感できたのです。弥陀の本願《ほんがん》という超越軸と、長い年月をかけた歴史軸への認識。さらにバークの原罪という問題は、親鸞にとっては悪人という問題と響き合っている。どこか根本の所で、バークと親鸞の思想は通じ合っているのではないかという思いがありました。

親鸞思想には国家主義へ転じる要素があるのではないか

――その保守思想と親鸞の関係を考えていくにあたって、中島さんは2017年8月に『親鸞と日本主義』（新潮選書）という本を出されました。この本は、2010年から2年間かけて新潮社の雑誌『考える人』に連載された内容に、真宗大谷派の戦時教学に関する章などを書き加えられたものです。これまで真宗の戦時教学批判については、主に「王法《おうぼう》は額にあてよ。仏法は内心に深く蓄えよ」（『蓮如上人御一代記聞書』）といった「真俗《しんぞく》二《に》諦論《たいろん》」の問題性が強調されてきたわけですが、実は親鸞思想自体の中に、国体論に転じやすいような要素を孕んでいるのではないか、という視点からこの本は書かれています。これはなかなか宗門内からは出てこない問題提起だと思います。

保守思想と親鸞に出会った時、自分はその二つと一生関わっていくだろうという予感がありました。ここが自分の安定した立脚地だと確信していたのです。そして自分の研究が日本の右翼思想や、宗教とナショナリズムの問題に関わっていった時、親鸞はこうした問題から安全圏にあるものだと思い込んでいました。北一輝や石原莞爾《かんじ》、国柱会《こくちゅうかい》の田中智学《ちがく》など、昭和維新を支えた多くの人が日蓮主義者で、国体論と仏教のつながりは主に日蓮主義の問題だと思っていたからです。

しかしある時、古本屋で明治から昭和期にかけて活躍した歌人で右翼思想家の三井甲之《こうし》が書いた『親鸞研究』という本を見つけてしまったのです。三井甲之と言えば、軍国主義者で非常に危うい人物という認識でした。そんな人が親鸞に傾倒し、「親鸞の他力こそが大御心である」とまで言っている。ショックでした。できれば見なかったことにしたかった。でも、このことと向き合わなければ、自分が立っている場所が崩れてしまうと思いました。そこから意識して見てみると、『出家とその弟子』の倉田百三《ひゃくぞう》など、親鸞に親しんでいた日本主義者たちの姿が見えてきたのです。また大谷派の戦時教学においても、暁烏敏《あけがらすはや》など清沢満之《きよざわまんし》門下の人たちが国家主義に取り込まれてしまったという歴史があり、そこにどういう構造があったのかを明らかにしなければいけないと思っていました。それから20年かけて、ようやく本にまとめることができたということです。

代弁者ではなく死者たちの言葉の器になる

——以前、批評家の若松英輔さんにお話を伺ったとき、「死者と共に生きるということは、死者の代弁者になることではない」とおっしゃっていました（本書35〜36頁）。代弁者とは「亡くなったあの人はこう考えているに違いない」と、死者の存在を利用して自分の思想的立場を補強していく態度です。それは親鸞の態度とは全く異なっていて、親鸞は徹底して死者たちの「コトバの通路」になっていたと若松さんはおっしゃっていました。そういう視点に立つとき、この本に出てくる日本主義者たちの共通点は、〝親鸞が生きていたら、きっとこう考えるに違いない〟という発想のもと、例えば三井甲之であれば「南無阿弥陀仏」の名号《みょうごう》を「祖国日本」の号令に重ねるなど、親鸞とはかけ離れた言論を展開していく。つまり、親鸞の代弁者になってしまっていたのではないかと思います。

親鸞はオリジナリティという概念を徹底的に疑っていたと思うのです。一人の人間が、一からオリジナルな思想を生み出すことなど不可能だと考えていた。だから親鸞は言葉の器になろうとした。自分の言葉は過去から、死者たちからやって来ている。その言葉の器になることによって、何かが提示されるということに賭けていたのだと思います。だから、大部分が経典などの引用から成り立っている『教行信証《きょうぎょうしんしょう》』のスタイルそのものが、一つの思想であるとも言えるわけです。

もう一つ『教行信証』の面白いところは、これだけの引用がありながら、法然の言葉がほとんど引かれていないという点です。このことに対して、『教行信証』は法然の正しさを立証するために書かれたものだから、法然を引く必要がなかったという解釈がありました。しかし私は個人的には違うと思っていて、親鸞は亡くなった法然が隣にいる感覚で書いているのではないか。法然との共著という感覚、あるいは法然と自分の境目が曖昧になるほど一体化しながら言葉の器になろうとしていたのではないか。それほど親鸞にとって死者の存在は大きかったのでしょう。

それが親鸞の姿勢であったとすると、おっしゃる通り、日本主義者というのは〝死者の所有〟に陥ってしまっているんですね。死者の言葉を自分の思想の後付けにし、その先に「正しさ」を所有しようとしている。死者を道具にしてしまっているのです。ただしこれは右翼も左翼もやることです。右翼たちは靖国の英霊が言っていると言い、左翼は原爆の被爆者がこう言っていると言う。私は、どちらもおかしいと思っています。私たちはもっと死者に対して謙虚になるべきではないでしょうか。死者からの言葉に対して、自己が根底から問われるような形で向き合っていかなければいけないのだと思います。

いつも共に悩んでくれる「となりの親鸞」

――『教行信証』を読んでいると、まるでバトンリレーのようだなと思うことがあります。例えば「化身土《けしんど》巻」の最後には、道綽《どうしゃく》が著した『安楽集《あんらくしゅう》』の「前《さき》に生まれん者は後《のち》を導き、後に生まれん者は前を訪《とぶら》え」という言葉が置かれていますね。明らかに、自分が先人から受け取ったバトンを後世に託すという目的を持って書かれていて、その先には「無辺の生死海《しょうじかい》を尽くさんがためなり」という仏教の大きな目的が見据えられている。それは親鸞を利用し、国家思想を押し進めようとした日本主義者たちの代弁者的な態度とは、似て非なるものではないかと思います。

主義という形でどこかの立場に立ってしまうことに対し、親鸞はどこまでも懐疑的だった。思想の体系化ということに徹底して距離をとっていたのだと思いますね。私が親鸞に一番魅力を感じるのは、「わかった」と思った瞬間、すぐにハシゴを外してくる感覚です。「わかった」と言っているお前は一体どこに立っているのかと常に問いかけられているようで、絶対に正解に立たせてくれない。そして「わからない」という人に対しては、どこまでも優しいのです。「僕もわからないよ」と言って、ずっと隣で一緒に悩んでくれるようなイメージです。

――「阿弥陀」という言葉も「無量」「不可思議」という意味ですから、「わからない」ということに通じますね。中島さんがよく使う「となりの親鸞」という言葉が、私はとても好きなのですが、親鸞を考える時に絶対に外してはいけないのは、私たちは「親鸞を」信じるのではなく、「親鸞と共に」この阿弥陀を信じるということだと思うのです。そのことを外してしまった時、おかしな方向に進んでいくのではないでしょうか。

そうです。だから私も親鸞に対して、あまり偉大な教祖という感じを持っていません。同じ研究会で、一緒に悩みながら同じ問題を考えている先輩のような感覚です。

自己に対する懐疑から人との対話が始まる

――私も親鸞の魅力は、常に悩みと共にある、その「ゆらぎ」の部分にあると思っています。例えば関東時代に、飢饉や災害で苦しむ人々のために浄土三部経を千回読誦《どくじゅ》するという行《ぎょう》をやろうと親鸞は決意しますが、これを途中で中止しています。それは恐らく「人々を救わなければいけない」という、自身の宗教者性と必死に闘っていたのだろうと思うのです。そのことを何十年も、夢にうなされるほどまで思い続けていたわけです。他力にも自力にも振り切れない、あの「ゆらぎ」こそがまさに親鸞だなと。それは私がおろおろと狼狽《うろた》えるような動揺ではなく、本願《ほんがん》という大地に根ざしたゆらぎでしょう。稲穂が風に揺られるような、親鸞の柔らかさから来ているような気がします。そのことが「こうあるべき」という一つの立場に固執させないし、権威主義にも走らせない緩衝材のような役割を果たしているのではないかと思います。「非僧非俗《ひそうひぞく》」ということですよね。僧という聖なる場所にも立たず、しかし単なる俗でもないと。しかも不可思議なものとしての弥陀の本願を、超越的なところに常に感じている。だからこそ答えを所有することなく、「ゆらぎ」の場所に積極的に立とうとすることができるのではないでしょうか。

——今回、中島さんの本を読んで、日本主義者たちが陥っていったような代弁者的な発想を、私自身、決して否定できないなと思いました。お寺での生活の中で、親鸞の言葉を自分の都合で利用するような態度を取らざるをえない時がありますし、むしろそれしかないとさえ思います。そういう意味では、この本が提示している問題は、時代を超えて現代を生きる私たちと全く同じ質の問題なのだろうと思いました。そのことを教えられたのが、自分にとっては一番ありがたいことでした。

ありがとうございます。私もこの本は自分のために書いたという感覚が強いのです。やはり私たちは「正しさ」を所有しがちですよね。これはもう近代人の病かもしれない。けれどその時に、「自分は間違えているかもしれない」という自己に対する懐疑を持つと、そこから人との対話が始まるのです。「自分は間違っているかもしれない」

という思いがあると、人の言葉に耳を傾けるようになります。親鸞も色々な人の言葉に耳を傾ける人でした。そこで話を聞いて「なるほど、この人の言っていることに理があるな」と考えたら、そこで合意形成をしていく。それが基本的に政治というものの原理だと思っています。

そういう意味において私は政治学者なのですが、今の日本社会で横行している「政治」というのは残念ながらそうではないんですね。〝正しさ競争〟をやっているだけなのです。その正しさをめぐって罵倒をし合っているという感じで。今の政権もそうだし、政権を批判している人もまた同じだと思うのです。私はそこに立ちたくないと思っています。人間はどこまでも不完全な存在であって、本当の正しさというものは、決して我々には掴むことのできないものとしてあるのだと。親鸞のように、その「ゆらぎ」のところに自らを置いていたいと思っているのです。

「書」から見た親鸞

石川九楊
書家

撮影：岡本 淑

石川九楊 いしかわ きゅうよう

1945年福井県生まれ。書家、評論家。京都大学法学部卒業。現在、京都精華大学名誉教授。「歎異抄」「源氏物語」など斬新な書の作品を発表するかたわら、文字文化をテーマに100冊を超える著作を執筆している。90年『書の終焉—近代書史論』でサントリー学芸賞、2002年『日本書史』で毎日出版文化賞、09年『近代書史』で大佛次郎賞を受賞。17年7月には東京・上野の森美術館で大規模な回顧展を開催。18年には『石川九楊著作集』(全12巻・ミネルヴァ書房)が完結した。23年6月、7月の東京・上野の森美術館で2期連続個展『石川九楊大全』に併せて、『歎異抄 No. 18』の書にかくれた音楽をひき出し、台東区立旧東京音楽学校奏楽堂で演奏会を開催予定。

インタビュー：編集部

※このインタビューは『同朋』2018年7月号に掲載されました。

大学時代から『歎異抄』の逆説に魅せられて

――石川九楊さんの作品「歎異抄《たんにしょう》」を初めて目にした時の衝撃が忘れられません。幾何学的な模様にも見えるし、繊細な抽象画のようにも見える。現代の書にはこんな斬新な表現があるのかと度肝をぬかれました。いったいこんな作品がなぜうまれてきたのでしょう。

京都大学の学生時代、「善人なおもて往生《おうじょう》をとぐ、いわんや悪人をや」といった『歎異抄』の強烈な逆説の論理に魅せられました。書を本格的に始めたのもその頃ですから、一度は『歎異抄』を書いてみたい。だけど、当時はまだそれを書く方法がなかったのです。書というのは、筆をもって字を書けば作品になると思われがちだけれど、その書きぶりに『歎異抄』が語る内容やスタイルを盛り込むことができなければ、標語ポスターみたいなものになってしまう。それで、書けないまま歳月が過ぎていきました。

1977（昭和52）年に父が亡くなりました。僕の出身は福井県ですから、周囲は真宗王国ですし、うちの宗旨も真宗大谷派でしたから、例えば蓮如が書いた「白骨《はっこつ》の御文《おふみ》」などは耳につくほど聞いていたのです。そして父の葬儀で改めて「白骨の御文」を聞くうち、「それ、人間の浮生《ふしょう》なる相をつらつら観ずるに…」というあの馴染み深い文章なら書けそうな気がして、これまでとは全く違うスタイルでまず「白骨の御文」を書いてみた。それがステップになって、ようやく「歎異抄」を書き始めることができました。

――「歎異抄」は、石川さんにとって大きな転機になった作品だったようですが、その時には使う紙も変えられたとか。

それまでは中国の画仙紙《がせんし》を使っていたのですが、これは、にじんだりかすれたりする紙なので、『歎異抄』の突き刺さるように尖鋭な言葉を書くにはふさわしくない。そこで紙をいろいろ選んで、最終的に雁皮紙《がんぴし》というにじみがない紙を選びました。

――その頃、すでに石川さんは時代状況と向き合う気鋭の書家として高い評価を得ておられたと思うのですが、ここで作風を大きく変えたのは、これまでの作品に行き詰まりを感じたからでしょうか。

行き詰まりを感じたのではなく、むしろうまく行ってしまっていることに危機を感じたんですね。周りの人から評価され、決まった方法論で次々に作品ができるようになったら、もう退廃が始まっているんですよ。誰々先生の作風などと持ち上げられるようになったなら、それをいったん壊して、何とか先へ突き抜けていかないと。

思想の言葉が生成していく熱気に満ちた現場に立ち会う

――それにしても、「歎異抄」のあの独特な表現がどのように生まれてきたのか。その創造の過程が気になります。

まず、天から垂直に刺しこんでくるような縦画の文字の連なりがあり、さらにそれを水平に断ち切るような横画があり、それらが交錯するように言葉が積み重なっていく。そしてその過程で、ひとつの世界が徐々に生まれてくる…。そんな感じだったですね。僕は『歎異抄』の言葉というのは日本が生んだ最高の哲学だと思っていますが、その言葉が生成する熱気を帯びた現場に立ち会うようなつもりで書いていきました。

「歎異抄」シリーズの最初の作品を書いたのは１９８２年。『歎異抄』の全文を１枚の掛け軸に書き込んだ「歎異抄№.18」ができたのは88年です。さすがにこの大作を書きあげるには8か月かかりました。

――80年代前半から後半の長い年月にわたって『歎異抄』の言葉に向き合ってこられたんですね。どんな言葉が印象に残っていますか。

例えば第13章では、親鸞が弟子の唯円《ゆいえん》に「人を千人殺してきなさい」と、とんでもない難題をふきかけますね。それで唯円が驚いて断ると、「それで分かるだろう。何でも自分の思いどおりになるなら、千人だって殺せるだろうが、今は一人だって殺せないような縁のめぐり合わせだから殺せないだけだ」と。だから「わがこころのよくて、ころさぬにあらず。また害せじとおもうとも、百人千人をころすこともあるべし」と。これなどはすごい言葉だと思います。

それに、僕は学生時代にキリスト教青年会（ＹＭＣＡ）の寮にいましたから、いつも親鸞の言葉と聖書におけるイエスの言葉とを比べながら考えていました。例えば、イエスが説教をしている時に、誰かが「あなたのお母さんと兄弟が外で待っておられますよ」と知らせると、イエスは「わたしの母とはだれか、わたしの兄弟とはだれか」

と問い返し、弟子たちを指して「ここにわたしの母、わたしの兄弟がいる。だれでも、わたしの天の父の御心を行う人が、わたしの兄弟、姉妹、また母である」と答えるんですね（『マタイによる福音書』第12章）。親鸞もまた『歎異抄』の第5章で「親鸞は父母《ぶも》の孝養《きょうよう》のためとて、一返にても念仏もうしたること、いまだそうらわず」と言います。そのわけは、すべての生きとし生けるものが、自分にとって父母兄弟のようなものだからだと。ここにはとても近接した思想が語られていると思います。

書は視覚の芸術ではなく触覚の芸術である

——ところで、石川さんが書かれたご本を拝見すると、〝そうか、書とはこうやって見るものなのか〟と、目からウロコが落ちる気がします。そんな書の見方をぜひ教えてください。

書というのは、本来は非常にわかりやすい芸術なのです。ところが、書についてのみんなの常識が、書をわかりにくいものにしてしまっているんですね。

書をわかりにくくしている3つの常識があります。その第一は、まず「何と書いてあるかを考える」ということ。お茶席などで掛け軸を見て、そこに書かれた字が読めたというだけで喜んでしまう。しかし、何と書いてあるかは、たいしたことじゃないのです。

例えば「山」という字ひとつとっても、それをどのように書くかは一人ずつ違うでしょう。太い「山」もあれば小さな「山」もあり、歪んだ「山」もある。多様な「山」があって、ある人が「山」の字をどう書いたかを見れば、その人が山に抱く思いが見えてくることがあるかもしれない。少なくとも「山」という字を書く時に、その人がどんな振る舞い方をするのかは見えてきます。

書を見る時は、1点1画をなぞりながら見てください。これを「臨書《りんしょ》」と言いますが、例えば親鸞が書いた書を指や筆でたどってみると、親鸞の筆先の動きがよみがえってきます。750年前に亡くなった親鸞の筆先が紙に触れている時間や、力の入れ具合、深さや角度などが目の前によみがえってくるわけですから、書というのはすごい芸術でしょう。

――本当にそうですね。では、書をわからなくしている2番目の常識とは何でしょう。

第2の常識は、「この字は上手いか下手か」と考えてしまうこと。これはもう、小学校での習字教育によって植えつけられたつまらない価値観に過ぎません。例えば音楽について、バッハとショパンのどっちが上手かなんて言ってもしかたないでしょう。それと同じで、書について上手とか下手とかいうのは問題じゃないんです。

そして3番目の常識は、「書を絵画のように見てしまう」こと。書を線で描かれた絵のように鑑賞する人が多いんですね。しかし書には1点1画があるだけで、線なんてどこにもないのです。文字の1点1画を積み上げて文字になり、文字が文章をつくっていく。そのプロセスこそが書であって、線が太いとか細いとか、どんな形をしているかとかは関係ありません。

書というのは視覚の芸術ではなく、触覚の芸術です。筆先と紙がどのように触れあって、文字や文がどのように展開していくのか。そこに着目して見ていけば、書ほどわかりやすい芸術はないのです。

親鸞の思想と生活のスタイルが書をとおして見えてくる

――『名僧の書 歴史をつくった50人』(淡交社)というご本では、「旧来の日本の仏教者の書とくらべた時、親鸞の書は際立った表現を見せている」と書いておられます。その特徴はどんなところにあるのでしょうか。

ひとつは切り込みの鋭さですね。筆先を鋭く紙の奥まで切り込ませるような筆触。例えば『正像末和讃《しょうぞうまつわさん》』の真筆本(専修寺蔵)を見ると、「釈迦ノ遺教《ゆいきょう》カクレシム」とある「ノ」の字の、スパッと切り込む鋭さは、他の僧侶の書ではなかなか見られないものです。

そして、点と画をつないで文字を展開していく時の、切れ味のよいリズムも特色です。書というのは、絵画ではなくむしろ音楽に喩える方が分かりやすい。それは書きぶりのリズムも書の重要な要素だからです。

――ご本には「筆触《ひっしょく》は正反《せいはん》、相《あ》い作用する粘りと伸びをもつ」とも書かれています。つまり、正反対の力がせめぎ合っているような書きぶりだということでしょうか。

そう。中国には「書は逆数なり」という考え方があります。ここでいう「逆数」とは〝逆の理〟という意味で、つまりは逆説ですね。書においては、筆を押し進める力と引き止める力、打ち込む力とつり上げる力といった相反する力がはたらいています。その矛盾をいかにしのいで書きつづけていくいくかが書の生命なのですが、親鸞の書は、何か向こうから糸で引かれるような力に抗しながら、筆を進めているような粘り強さと伸びを感じるんですね。

――そうした親鸞の書のあり方は、『歎異抄』のあの逆説に満ちたロジックと通じるものがあるのでしょうか。

「書は人なり」とよく言われますね。それは当たっている面はあるが、あまり安易にそう言うべきではありません。

書というのは、まず何よりも書きぶりです。そして書きぶりというのは、紙という相手に筆が接触し、その関係で生じるドラマです。自分一人で踊るのではなく、相手と対話しながら展開していくドラマなのですね。するとそこに、ある種のスタイルが見えてくる。そのスタイルは、ある意味では書き手の思想や生活のスタイルと重なっているかもしれない。その意味では、「書は人なり」と言えなくもないのです。しかし、それはあくまでも、筆と紙が接する現場で演じられるドラマから垣間見えてくるものなのです。

思想史の立場から

末木文美士
仏教学者

撮影：瀧本加奈子

末木文美士 すえき ふみひこ

1949年山梨県生まれ。東京大学大学院人文科学研究科博士課程単位取得退学。現在、東京大学名誉教授、国際日本文化研究センター名誉教授。博士（文学）。専門は仏教学、日本宗教史。著作に、『鎌倉仏教形成論』（法藏館）、『日蓮入門』（筑摩書房）、『日本宗教史』（岩波書店）、『鎌倉仏教展開論』（トランスビュー）、『仏典を読む』（新潮社）、『草木成仏の思想』（サンガ）などがある。

インタビュー：四衢 亮

※このインタビューは『同朋』2018年9月号に掲載されました。

中世を生きた人としての親鸞

――末木先生は、鎌倉仏教の成立や展開について数多くの本を書かれておられますね。従来、中世の仏教といえば法然・親鸞・道元・日蓮などの鎌倉の新仏教であり、平安の旧仏教とは対立したものだと考えられていました。しかし、歴史学者の黒田俊雄さんが提唱した「顕密《けんみつ》体制論」では、そのような鎌倉新仏教中心論を批判して、それまで否定的に見られていた平安の旧仏教が実際には中世の主流をなしていたことが明らかにされました。

私が黒田さんの理論の中でも非常に重要だと思うのは、密教が当時の仏教の中核にあったのではないかという指摘です。鎌倉時代の禅についても、中国から持ってきたものがそのまま定着したと考えられていましたが、実は日本の密教という大きな枠組みの中で禅が成立してきたことが文献の上からも分かってきています。

また親鸞も、今まで密教とはまったく無関係だと考えられていましたが、実は親鸞が六角堂に参籠して受けた夢告《むこく》の「女犯偈《にょぼんげ》（行者宿報偈《ぎょうじゃしゅくほう》）」とほぼ同じ文句が真言密教の書の『覚禅鈔《かくぜんしょう》』にあることも分かってきました。そういうことを考えると、親鸞だけが時代の中で外れたところにいたわけではなくて、鎌倉仏教という全体の流れの中に位置づけて理解できるのではないかと考えています。

——親鸞も当時の仏教の中核であった密教の影響を受けていたと。

近代の仏教研究の中で、特に親鸞は近代的観念に合致するような人間像や思想解釈がなされてきたところがあります。しかし、親鸞もまた中世の人として時代の中を生きた人であり、時代ごとのものの考え方や流れがある中で、親鸞だけが時代と違う発想をするということは考えられません。むしろ親鸞という人は、非常に誠実な人だと思いますので、その時代の課題を真面目に受け止めて、自分なりの答えを見出そうとしたのではないでしょうか。

——誠実に向き合おうとすることがなければ、同じ時代を生きている人たちに親鸞の教えが通じていくことはなかったでしょうね。

そうだと思います。

限界に突き当たった時に出てくるのが他力

――2016年に出版された『親鸞 ―主上臣下、法に背く―』(ミネルヴァ書房)というご本の中でも近代的な親鸞の思想理解について、いくつか問題点を指摘されておられますね。

はい。親鸞の『教行信証《きょうぎょうしんしょう》』の根本には、往相回向《おうそうえこう》と還相回向《げんそうえこう》という構造がありますね。この構造がその他の思想と大きく違うのは「他力」という点にあります。往相も還相も、自分の力ではない。非常に強く、絶対的な阿弥陀仏の他力をもって初めて実現できるということを明確化したのが、親鸞の一番大きな特色ではないかと思います。ところが近代的な解釈では、この親鸞の徹底的な他力主義に基づいて、回向は阿弥陀仏の他力によるものであるから、現世《げんせ》の衆生《しゅじょう》は他の衆生の救済など考えるべきではないという主張がなされていきました。そういう解釈では、社会的な様々な活動が教学的に位置づけられず否定されてしまうという問題が生じてきます。

――先生も問題にされていましたが、東日本大震災の時には、被災地でのボランティア活動に関して、それは自力の行になるのではないかという批判もありました。

そういう声が出てしまうのは、真宗の信や他力の捉え方が非常に狭くなってしまっているからだと思います。ただ、そんな疑問が生じてしまうような教学解釈が今までなされてきたことも事実ですね。しかし親鸞はきっと、身近な人が病気の時や、目の前で大きな災害が起こった時に何もしないということを求めたわけではないでしょう。

大乗仏教の根本となる実践として菩薩道《ぼさつどう》という考え方があります。菩薩道とは自分を差し置いても他者を救済する「利他行《りたぎょう》」のように、徹底して他者と関わっていくという生き方です。従来の親鸞解釈では、自分自身を菩薩として他の衆生の救済を誓うというのは自力であり、誤りであると理解されてきました。しかし、そもそも親鸞の往相・還相回向の理解は、現世で十分にできないことを還相回向という形で来世に実現していこうという菩薩道の基本構造にのっとったものです。

『恵信尼消息《えしんにしょうそく》』の中で、三部経読誦《どくじゅ》の話が出てきます。当時、大きな災害で人々が苦しんでいるという状況を目の当たりにした親鸞は、自分は何ができるのかという、まさに現代の問題とまったく同じような状況に立たされます。そこで親鸞は、衆生のために『浄土三部経』を千回読誦しようと試みます。

やはり親鸞は、自分に何ができるのかという問題意識を持って、他者の救済という事を願いつつ、自分は何もできないという大きな挫折を経験することで初めて他力を発見したのではないか。近代における他力論は、こういった元々の問題意識そのものを排除してしまうところがあるような気がします。何とかしたいと思って行動するのだけれども、限界に突き当たった時に出てくるのが他力である。そういうふうに考えなくてはならないと思いますね。

邪義に対して妥協しない「闘う念仏者」

——親鸞は『教行信証』のいわゆる「後序《ごじょ》」で、承元《じょうげん》の法難と、法然との出会いという2つの出来事を語っています。先生はご本の中で、それが親鸞を誕生させた重要な体験となったとお話されていますね。

そうですね。末法《まっぽう》という時代状況の中で、親鸞は、本当の仏法とは何だろうかということを、最も根本の問題としていたと思います。そしてやっと出会えたものこそが、法然によって明らかにされた浄土念仏であり、親鸞はこれこそ正しい教えであると確信を持つことができたわけです。ある意味でそれは正法《しょうぼう》と言っても良い。ところが承元の法難では、それに対して弾圧が加えられます。それはまさしく正しい仏法を謗る《そし》行為なわけですから、要するに誹謗《ひほう》正法にあたるわけです。それは親鸞にとって絶対許せません。

親鸞の思想は、どんな悪でも阿弥陀仏の慈悲で許されるといった寛容さだけが強調されることがあります。しかし親鸞という人は、決して邪説や誹謗正法を許さず、正しいものは絶対に曲げられないという強い信念を持っていた人でしょう。

近代の思想理解の中でも、親鸞は宗教と政治についての問題を避けていたかのように考えられてきていました。しかし親鸞は基本的に、正しい仏法があって初めて正しい政治があるという考え方であり、たとえ権力者であっても仏法には従わなければならない。そういう意味で、親鸞は、真実の仏法のためには邪義《じゃぎ》に対して決して妥協しない「闘う念仏者」なのだと思います。

——承元の法難で、親鸞は還俗《げんぞく》させられて藤井善信《よしざね》という姓名を与えられます。そのことについて「後序」で親鸞は、「僧にあらず俗にあらず」と、僧でもなく俗でもないという自らの立場を宣言していますね。

実際、流罪になって還俗されたという意味で「非僧」なわけですが、「非俗」については それだけではよくわかりません。

親鸞が『教行信証』の「化身土巻《けしんどまき》」で引用する最澄の『末法燈明記《まっぽうとうみょうき》』の文では、末法の時代には名前は比丘《びく》だけれども、戒律を守らない形だけの「名字の比丘」だけがいるということが言われます。しかしここで言われているのは、末法だからただ堕落しているという意味ではなく、むしろ末法の中でも僧形を保って仏法をつないでいくという、その役割の大きさを言っているんですね。

親鸞は、非僧でありながら同時に非俗でもあったわけであり、まさしく「名字の比丘」として、形がどのようであっても、自分は比丘として正しい法を受け継いでいくんだという意思を強烈に持っていたと思います。だからこそ、後序の「主上臣下《しゅしょうしんか》、法に背《そむ》き義に違《い》し、忿《いかり》を成し怨《うらみ》を結ぶ」という強い非難のように、誹謗正法の人に対しては、徹底的に厳しく闘うことになったのです。

唯円という
フィルターを通した親鸞

――少し話は変わりますが、先生はご本の中で『歎異抄《たんにしょう》』の資料としての位置づけについていくつか指摘されていました。『歎異抄』は親鸞の思想の集約というような形でしばしば評価され、われわれにとってもなじみの深い書物ではありますが、それと親鸞自身の思想とはどういった関係性なのでしょうか。

はい。確かに『歎異抄』は非常に明快で、特に近代において、第3章の悪人正機《あくにんしょうき》説は親鸞の中心思想のように扱われてきました。しかし、親鸞の主著である『教行信証』とは違い、『歎異抄』は唯円《ゆいえん》によって聞き書きされたという点は考慮する必要があります。

特に『歎異抄』の後半は、唯円自身の疑問や当時の異説に対して、親鸞の言葉をもって答えを与えていくという内容になっています。その時に考えなくてはならないのは、親鸞は比叡山で仏教の教理全体を学んだ人であるのに対して、唯円の場合は関東で純粋に親鸞の教えだけを受けて学んできた人であるという点です。ですから、『歎異抄』

に記された親鸞の言葉は、あくまで唯円の文脈の中に入れられたものであり、親鸞自身の言葉というより、関東の生活に基づいた唯円というフィルターを通した親鸞なわけです。

——高校の授業などでは、親鸞の思想がほとんど『歎異抄』で語られているかのように教えられていたように思います。

そうですね。特に悪人正機は、非常に強烈な主張があり一般的によく知られている言葉だと思うのですが、『歎異抄』と『教行信証』を読み比べてわかるのは、「悪」とは何なのかという問題が少しずれているというところです。

親鸞にとっては、あくまで正しい仏法を追及することが根本の問題としてありますから、誹謗正法が絶対に許せないものとして『教行信証』には登場してきます。一方で唯円は、関東で実際に生活する人たちの立場から、悪を考えている。例えば、農民はどうしても虫を殺さなければいけないし、漁師は魚を取らなければいけない。そういった生活の場での悪が問題とされており、親鸞の思想とのずれが生じていると思います。

——なるほど。ただ、そういった視点で改めて『歎異抄』を読むと、殺生《せっしょう》に対する不

安や罪悪感を抱いていた関東の人たちが、「親鸞という方は大丈夫だと認めてくれたのだ」と、安心できた姿が浮かびあがってくるような気がします。

そうですね。『歎異抄』という書が、どういったものであるのかを理解した上で読めば、当時の関東の農民や門徒が、実際どんなふうに親鸞の教えに生きていたのかを非常に生き生きと表してくれる、とても貴重な資料であると思います。

世界の現実のただ中で

四方田犬彦
比較文学・映画史研究家

撮影：山川哲矢

四方田犬彦 よもた いぬひこ

1953年大阪生まれ。映画史と比較文学の研究者、詩人、批評家、エッセイスト。東京大学文学部宗教学科卒業。同大学人文系大学院比較文学比較文化科博士課程中退。長らく明治学院大学教授として映画史の教鞭を執る。増補版『貴種と転生・中上健次』（ちくま学芸文庫）、『月島物語』（集英社文庫、第1回齋藤緑雨賞）、『映画史への招待』（岩波書店、第20回サントリー学芸賞）、『白土三平論』（ちくま文庫、日本児童文学学会特別賞）、『ルイス・ブニュエル』（作品社、第64回芸術選奨文部科学大臣賞）など著書多数。

インタビュー：編集部

※このインタビューは『同朋』2018年11月号に掲載されました。

22歳で親鸞を封印した理由

――四方田さんは2018年に『親鸞への接近』(工作舎)という500頁を超える大著を出版されました。これまで、欧米をはじめ世界中の思想や文化についての博識を背景に、国内外の文学や映画、漫画などについてユニークな論考を次々に発表してこられた四方田さんが、いきなり親鸞についての分厚い本を出版されたことに驚いた読者が多いのではないかと思います。なぜ今、親鸞なのですか?

20代の頃から、いつかは親鸞と向き合わなければ、ということはずっと感じていました。というのは、あまり知られていないことですが、実は私は大学の学部時代に宗教学を専攻していたのですね。「宗教心理における回心」をテーマにしたゼミに所属し、学期末に「親鸞の回心をめぐって」というレポートを提出したこともありました。

しかし私は、正直に言えば親鸞に向き合うことが怖かったのです。とりわけ「他力本願《ほんがん》」ということがどうしても理解できなかった。20代前半で、これから勉学にはげみ、研究や著述で自分の力を発揮したいと目論んでいた私にとって、「自力」を捨てて「他力」につくことは、自分の足元の土台を崩されることになるような気がしたんですね。結局私は、22歳で親鸞を封印し、大学院では比較文学を専攻して、その後は日本や韓国、アメリカなどの大学で映画史や比較文学を講じながら、映画評論などさまざまな著述を発表するようになりました。

暴力と悲惨に満ちた状況下で再び親鸞と出会う

——ご本によれば、四方田さんが親鸞への封印を解いて、再び接近を試みようとされたきっかけは、2004年に文化庁の文化交流使としてイスラエルとセルビアに派遣された時のできごとだそうですね。

とりわけ、1998年から紛争が起こり、99年にはNATO軍による大規模な空爆にさらされたコソボでの体験です。当時、コソボはまだセルビアから独立を果たしておらず、北部の町ミトロヴィッツァではアルバニア系住民とセルビア系住民が河を隔てていがみあっているような状況でした。

その町のセルビア人地区に難民たちが建てたプリシュティナ大学ミトロヴィッツァ分校で、日本文化を教えることになりました。これまでアメリカやＮＡＴＯによる空爆で苦しめられてきた現地の人々は、空爆に加担しなかった日本に対して強い期待と関心を抱いていたのです。私はそこで日本映画について教えるつもりで、黒澤明の映画などのＤＶＤをたくさん持参しました。ところが、難民キャンプに建てられた大学はプレハブ校舎で、停電が頻繁に起きていたためＤＶＤはあまり役に立たず、やむなくうろ覚えの宮沢賢治の詩を日本語と英語で紹介するといった授業を即興でやる羽目になりました。

そのうち、学生から仏教の話をしてほしいという声が高まってきました。そこで不確かな知識ながら仏教について講義することになり、その何回目かに親鸞の悪人正機《あくにんしょうき》説についての説明を試みたのです。しかし、真面目なセルビア正教徒の学生たちに、悪人の方が善人より極楽に往生《おうじょう》しやすいという話はどうしてもわかってもらえませんでした。

後になって反省しました。わかってもらえないのは、私の知識や語学力が乏しいからじゃない。私自身が、親鸞の思想を理解していないからだ。自分の心の奥底から悪人正機説に納得できていなかったから、人にも伝えられなかったのだ、と。

――コソボの大学で教える前に、イスラエルの大学に籍を置きつつ、パレスチナ自治区へも行かれたそうですね。そこもまた、長年にわたる紛争と厳しい民族対立によって人々が苦しめられてきた地域です。

もちろんそうです。パレスチナとコソボで私が目にした光景はあまりにも悲惨でした。この世界にあふれる暴力と悲惨、憎悪と悪…。そして、それらを目にしながら、何もできない自分…。その経験は、身に刺さった棘のようにいつまでも私を苛《さいな》みました。

親鸞は『歎異抄《たんにしょう》』の第4章でこう語っていますね。「慈悲に聖道《しょうどう》・浄土のかわりめあり。聖道の慈悲というは、ものをあわれみ、かなしみ、はぐくむなり。しかれども、おもうがごとくたすけとぐること、きわめてありがたし」。つまり、他人のことをいかに不憫に思い、助けたいと願っても、思うように助けられることはめったにない、と。そのとおりだと思います。では、どうすればよいのか。親鸞はそこで、「念仏して、いそぎ仏になりて、大慈大悲心《だいじだいひしん》をもって、おもうがごとく衆生《しゅじょう》を利益《りやく》する」という「浄土の慈悲」を説くわけですが、私はまだこの論法を受け入れられずにいます。ただ、それが仏であれ神であれ、その前では人がなす善も悪もたいした違いはないという、人間を超えた大きな存在のまなざしがあるということが人々の救済の条件になるということは、何となくわかるような気がします。親鸞もまた、飢饉や疫病など自分が生きた時代の凄まじい惨状を目前にし、感傷や無常観を超えて人々を本気で救おうと思えばどうすればよいのかと真剣に考えた結果が、仏への絶対的な帰依だったのではないか…。そんなことを考えて、私はこれまで避けてきた親鸞の思想に改めて向き合わなければ、と思うようになったのです。

日本で、アメリカで親鸞の著作と向き合う日々

——その後、四方田さんは本格的に親鸞の著作を読みはじめられるわけですね。『親鸞への接近』には、親鸞の著作に関するさまざまな論考がおさめられています。とても感心したのは、『歎異抄』だけで親鸞を理解したように思う人が多い中で、四方田

さんは『教行信証《きょうぎょうしんしょう》』をはじめ親鸞自身の著作を綿密に読みこんでこれらの論考を書いておられることです。

いえいえ。コソボから東京に帰った私が、親鸞の本を再び読んでみようと思って、とりあえず手にしたのはやはり『歎異抄』でした。しかし、それを改めて読んでも、やっぱりわからないことがあまりに多い。これはもう、作者である唯円《ゆいえん》と同じように親鸞の弟子になったような気持ちで真剣に向き合わなければとうてい理解できないと感じました。

その後、宗教学者の山折哲雄先生にお会いする機会がありましたので、そのお話をしたところ、「『歎異抄』だけ読んでも親鸞はわかりませんよ。やはり『教行信証』を詳しく読まないと」と言われたのです。それをきっかけに、私は『教行信証』の文庫本を常に持ち歩いて、あの難解な文章をゆっくりと読み進めていくことが日課になりました。

その後、私は60歳で日本の大学を退職し、ニューヨークのコロンビア大学で客員教授を務めることになりました。コロンビア大学は日本文化研究がとても盛んで、親鸞についての蔵書も充実しています。そこで私は、『教行信証』をはじめとした親鸞の著作や、それらについての研究書を集中して読むという幸福な時間を過ごすことができました。

やがて、私が親鸞の著作に取り組むようになって5年の歳月が過ぎました。その間の一応の成果をまとめたのが『親鸞への接近』です。しかし、5年間学んでも、まだまだわからないことがたくさんあります。ですからこの本は、まだまだ初学者に過ぎない私が、途中経過のレポートとして提出したものにすぎません。専門家の方から見れば、単純な思い違いや初歩的なミスがたくさんあるのではないかと思います。

近代日本の知識人はなぜ晩年に親鸞へ接近するのか

——ご本の後半では、哲学者の三木清、俳優の三國連太郎、詩人・評論家の吉本隆明という、それぞれ親鸞に傾倒した3人の人物について論じておられますね。

ええ。この本でもうひとつ考えたかったのは、近代以降の日本の知識人の中に、人生の最後にあたって親鸞についての本を遺す人が多いのはなぜだろう、ということでした。おそらくその人たちは、日本が西洋の思想や文化を取り入れた後で、何か取り落とした巨大な存在としての親鸞に気づいたのでしょう。このことは、近代日本の思想や文化のあり方を考える上で避けて通ることのできない大きな問題だと考えています。

最初に取り上げた三木清は、哲学者ハイデガーの高弟であり、戦前の日本を代表する知識人の一人でした。しかし、日本が敗戦を迎える直前に逮捕され、敗戦後まもなく刑務所で獄死しました。その彼が、逮捕される直前まで書き続けていた遺作が、未完に終わった親鸞論です。彼が親鸞に託していたものは何だったのか。おそらく彼は、第二次大戦で世界中が滅亡の危機にさらされていたその時代を〝末法《まっぽう》〟と捉え、その状況下で知識人は何をなすべきなのかという問いの答えを親鸞に求めようとしたのだと思います。

次の三國連太郎は、差別のただ中で生まれ育ち、幼い頃から不条理と屈辱を経験してきました。そんな彼にとって親鸞とは、「屠沽《とこ》の下類《げるい》」と呼ばれる最下層の人々も含めて全ての人が平等に救われると主張し、比叡山で修行するエリート僧の地位を捨てまでそうした人々と共に生きようとした実践家です。彼はその独自の親鸞像を小説にまとめ、さらには自らメガホンをとって『親鸞 白い道』（１９８７年、松竹）という映画まで製作しました。

最後に取り上げた吉本隆明は、２０１２年に87歳で亡くなる直前まで親鸞について語り続け、それを多くの本にしました。知識人と大衆との意識の隔たりを生涯にわたって問題にし続けた彼にとって、親鸞とは、知の極限にまで上り詰めた知識人が、宗教をも含むすべての観念を解体し、最終的には「非知」の領域へ降り立とうとした、模範になるような人物だったのだろうと思います。

この3人が捉えた親鸞像は、それぞれに全く違いますし、私自身もまた違った捉え方をしています。１００人の知識人がいれば、１００通りの親鸞観がある。親鸞はそんな無尽蔵な魅力をもった思想家だと思います。

この本を出版したことで、私の親鸞への接近が終わったとは全く考えていません。今はむしろ、〝さあ、大変なことが始まっちゃったぞ〟といった気分ですね（笑）。

激変するこれからの社会を見つめて

寺島実郎

日本総合研究所会長・
多摩大学学長

撮影：山川哲矢

寺島実郎 てらしまじつろう

1947年北海道生まれ。一般財団法人日本総合研究所会長。多摩大学学長。一般社団法人寺島文庫代表理事。早稲田大学大学院政治学研究科修士課程修了後、三井物産に入社。同社戦略研究所所長などを経て現職。『ダビデの星を見つめて』（NHK出版）、『人間と宗教』（岩波書店）、『世界を知る力』（PHP新書）、『シルバー・デモクラシー　戦後世代の覚悟と責任』（岩波新書）など著書多数。

インタビュー：四衢 亮

※このインタビューは『同朋』2018年12月号に掲載されました。

世界の仏教史の中でも際立って大きなパラダイム転換

――東日本大震災があった2011年に出版された『世界を知る力 日本創生編』（PHP新書）というご本によれば、寺島先生は震災が起きた3月11日、新幹線の車内に5時間半も閉じ込められ、その間ずっと親鸞に関する本を読まれていたそうですね。

あの時はたまたま、東本願寺でその年の5月に予定されていた「親鸞聖人七百五十回御遠忌《ごえんき》法要讃仰講演会」に呼ばれ、「今を生きる親鸞」という演題で講演を依頼されていたので、その準備のために親鸞に関する本をいつも持ち歩いていました。

その講演会でも話したことですが、ようやく新幹線が動きだして東京へ戻り、震災で帰宅困難になった人たちが、配給されるパンや水を並んで受け取っている姿を目にした時、『歎異抄《たんにしょう》』で親鸞が語った「善人なおもて往生《おうじょう》をとぐ、いわんや悪人をや」という有名な言葉の意味が突然腑に落ちたのです。つまり、人間は極限状態に陥った時、会社での地位の上下や、金持ちか貧乏か、善人か悪人か、などという社会的な位置づけは吹き飛んでしまい、どんな地位にある人でも皆と同じようにパンのために並ばなくてはならなくなる。人間関係が瞬時のうちにフラットになってしまうわけです。そのように、人間をフラットな相で見つめる視点が、親鸞のあの「悪人正機《あくにんしょうき》」の言葉の背後にあると思うのです。

私の理解では、親鸞という人物の凄さは、仏教のパラダイムを大きく変えた点にあると思っています。つまり、それまでは国家護持のための宗教だった日本の仏教を、民衆のための絶対平等主義的な宗教に変えてみせた。これは、世界の仏教史の中でも際立って大きなパラダイム転換だったと思います。日本人が世界の思想史に重要な役割を果たすことなどめったにないのですが、親鸞だけはそれをなしとげた。そのことは、仏教学者の鈴木大拙や倫理学者の和辻哲郎も著作の中で語っています。あるいは、キリスト教思想家の内村鑑三は親鸞のことを「我が善き信仰の友」と呼んでいますが、それは親鸞の思想の中にイエスの絶対平等主義的な思想に近いものを見てとったからでしょう。

「親鸞」の名前にはユーラシアの風が吹いている

──私たち宗門の僧侶は、どうしても親鸞を本願寺の聖人という視点だけで捉えてしまいがちです。その点、寺島先生のようにグローバルなビジネス社会に向き合っておられる方が、世界という視点から見た親鸞像を提示してくださるのはとても有難いことだと思います。

私は、「親鸞」という名前にはユーラシアの風が吹いている、という話をよくします。つまり、親鸞は過去の七人の高僧から浄土教を学びましたが、そのうち古代インドの僧侶で唯識思想の大成者でもあった世親《せしん》（ヴァスバンドゥ）の「親」と、中国・北魏の僧であった曇鸞《どんらん》から「鸞」の字をもらって「親鸞」と名のっています。親鸞の世界性は、その名からも伝わってくるのです。

親鸞がいわゆる「承元《じょうげん》の法難」で越後に配流された時、上陸した地は現在の上越市にあたりますが、私は4、5年前にその地へ行って親鸞の足跡を辿り歩いたことがあります。おそらく親鸞はその時、越後の厳しい風土や貧しい民衆と出会って衝撃を受け、さまざまなことを思ったに違いありません。そして、その過程で彼はどんどん自分の目線を下げていくのです。ともすれば知力に秀でた人間は、学んでいくうちに知を肥大化させ、頭でっかちになりがちですが、親鸞はそうならなかった。限りなく視線を低くして民衆に焦点を合わせ、脱皮を繰り返して大きくなっていくというプロセスを辿ったのだと思います。そしてそのことが、親鸞思想の世界に通じる普遍性につながったのではないでしょうか。

——先ほど、親鸞がそれまでの国家護持のための仏教を民衆のための仏教に変えたとご指摘いただきましたが、そのことが現代の世界でどんな意義をもつとお考えですか。

親鸞の民衆の視点に立った発想は、一言で言えばあの時代に湧き出したデモクラシーの源流だと思います。その後、親鸞の教えを受け継いだ本願寺が急速に勢力を拡大し、戦国時代を迎えると、信長、秀吉、家康といった名だたる天下人はみな本願寺を恐れました。なぜなら、目線を民衆に置いている者ほど、治世者にとって怖い存在はないのです。自分の権力や権威を押しつけようにも、そんなものより上位の概念を見つめている人には押しつけようがないですから。

そのことは現代の世界においても大切な意味をもっています。今、世界は明らかに混乱をきたしていますね。その原因は、ウォールストリートに代表される金融資本主義の肥大化によって、誰もがマネーゲームに狂奔するような時代になっているからでしょう。

その中で、東本願寺がどんな発言をし、どう動くのかに興味があります。近世から近代にかけて、東本願寺も国家権力にすり寄った時代があったようですが、これからは原点である親鸞の思想に立ち帰り、権力から適切な距離をとって、国家やグローバル金融資本に対しても遠慮なくものを言っていけるような存在であってほしいと思います。

第3の知能は「唯識性知能」

――さらに将来において、親鸞の思想はどんな役割を果たしていくとお考えですか。

2018年に『ジェロントロジー宣言 「知の再武装」で100歳人生を生き抜く』

（ＮＨＫ出版新書）という本を出しました。「ジェロントロジー」という言葉は、通常は「老年学」などと訳されますが、私はそれを、これから迎える「異次元の高齢化社会」をよりよいものにするために、個人の生き方や社会システムのあり方を変えていくような学問体系という意味をこめて、「高齢化社会工学」と訳すべきだと考えています。

この本を書く過程で、これまで親鸞について学びながら吸収してきた考え方をいろいろ生かすことができました。そのひとつが、本の後半に出てくる「第3の知能」という議論です。それは何かと言えば、最近の学問研究によると、人間の知能には「流動性知能」と「結晶性知能」という2段階があると言われています。第1段階の「流動性知能」というのは、新しいことを学習したり記憶したりする能力のこと。そして第2段階の「結晶性知能」とは、これまでに学んだことと経験したことを関係づけ、さまざまな課題を解決していく能力です。そして第1の「流動性知能」は年をとるにしたがって劣化していきますが、第2の「結晶性知能」は年齢とともに向上していくと言われています。

ここまでは一般によく語られる話なのですが、私はこの2つの知能の他に、第3

の知能として「唯識性知能《ゆいしき》」というのがあると考えているのです。「唯識性知能」とは、仏教の唯識思想で言われる「末那識《まなしき》」や「阿頼耶識《あらやしき》」のように、通常の知覚や認識に関わる「六識」の奥にある無意識の領域がつかさどる心のはたらきです。例えば、1969年にアポロ11号が月面に着陸し、人類が初めて月に立った時、2人の宇宙飛行士は、真っ暗な宇宙空間に浮かんだ青い地球を目にして、そこに残してきた家族や友人の顔を思い浮かべ、思わず涙したと言います。そうした合理的に説明できない感情の動きをつかさどるような知能のことを「唯識性知能」と私は呼んでいます。

「人間とは何か」が問われる時代に親鸞思想がもつ重要性

――どうして今、そうした〝第3の知能〟を提唱しようと思われたのでしょう。

それは、これからはAI（人工知能）が急激に発達し、人間の知能を超える日もそう遠くないと言われているからです。第1の知能がもたらす、学んだり記憶したりする能力なら、すでにＡＩが人間をはるかに上回っています。そして第２の知能がもたらす問題解決能力にしても、与えられた課題に対して合理的な最適解を出すだけならＡＩの方が素早くやってのけるようになるでしょう。

しかし人間は、機械のようにいつも合理的な行動をとるわけではありません。例えば目の前に溺れている人がいれば、泳げなくても思わず水に飛び込んで助けようとする。そういう利己愛を超えた利他愛をもつのが人間でしょう。先に話したアポロ11号の話にしても、ＡＩなら宇宙空間に浮かんだ地球がどれぐらいの大きさで、どれぐらいの質量をもっているかといったことは瞬時に認識できるに違いありません。しかし、その地球に残してきた家族を思って涙を流すようなことは、ＡＩにはできません。

コンピュータ・サイエンスやＡＩが極度に発達してくる未来に向けて、重要になってくるのは「人間とは何か？」「機械にはできない、人間にしかできないことは何か？」という問いかけです。そこで大切なのが親鸞の思想なのです。同じ日本の高僧でも、例えば空海なら盤石の知の基盤に揺るぎなくそそり立っている印象がありますね。おそらく彼は自分を無能な人間だなどと一度も考えたことがないでしょう。ところが親鸞は、あえて自分を「非僧非俗《ひそうひぞく》」というマージナルな境界領域に位置づけ、悩み続けながら生涯を送った人です。そして自分のことを「愚禿《ぐとく》」と呼び、亡くなる数年前に書かれた『正像末和讃《しょうぞうまつわさん》』の「愚禿悲歎述懐《ぐとくひたんじゅっかい》」では「浄土真宗に帰すれども　真実の心《しん》はありがたし　虚仮不実《こけふじつ》のわが身にて　清浄《しょうじょう》の心もさらになし」などと驚くほど厳しい自己反省を和讃にしています。この謙虚な姿勢こそが、自分も含むすべての人を「凡夫《ぼんぶ》」としてフラットに見るような絶対平等主義を可能にしたのだろうと思います。

親鸞は、「悪人こそ往生《おうじょう》できる」といった強烈な逆説を提示することで、人々に「考えろ」と迫っているのだと思います。ともすれば権力や欲望になびいてしまう我々に、本当の価値とは何かと問いかける――。そんな日本人の魂の基軸を担ってきた親鸞の思想が、これからますます大事になるだろうと考えています。

スローな世界を求めて

辻 信一
文化人類学者、
明治学院大学名誉教授

撮影：岡本 淑

辻 信一 つじ しんいち

1952年東京生まれ。文化人類学者。環境運動家。明治学院大学名誉教授。NGO「ナマケモノ倶楽部」世話人。「スローライフ」「GNH」「キャンドルナイト」などをキーワードに環境＝文化運動を進める一方、環境共生型の「スロー・ビジネス」にも取り組む。『スロー・イズ・ビューティフル　遅さとしての文化』（平凡社ライブラリー）、『「ゆっくり」でいいんだよ』（ちくまプリマー選書）など著書多数。近著に『ナマケモノ教授のムダのてつがく』（さくら舎）、『自然農という生きかた』（川口由一＋辻信一、ゆっくり堂）。映像作品に、「アジアの叡智」シリーズ（現在8巻、SOKEIパブリッシング）がある。

インタビュー：花園一実

※このインタビューは『同朋』2019年1月号に掲載されました。

効率優先の社会への違和感から出発

――学生時代に辻さんの『スロー・イズ・ビューティフル―遅さとしての文化』（平凡社ライブラリー）を読んで感銘を受けました。私は小学校の頃、走るのが遅くて悩んでいた時期があって、その時に四肢麻痺というハンディがあった詩人・星野富弘さんの「のろくてもいいじゃないか／新しい雪の上を／歩くようなもの／ゆっくり歩けば／足跡が／きれいに残る」（「雪の道」）という詩に出会い、救われた経験があります。そういうこともあって「速さ」「生産性」「効率」だけが人間の豊かさではないという、辻さんの考え方というのは、昔からとても共感が持てるんですね。そもそも辻さんが「スロー」ということに注目されたきっかけは何だったのですか。

僕も子どもの頃から世の中に違和感を持っていました。高度経済成長の時代、大人たちは急いでばかりで、ついていけない者は「グズだ、ナマケモノだ」と否定される。これが自分が生きていく世の中だとはどうしても思えなかったんですね。それが嫌で海外に行ったのですが、向こうでも社会の主流は日本と変わらない。気がつくと、そういうものから外れた、黒人音楽やアメリカ先住民など、マージナル（周辺的）な文化や人々に惹かれていきました。彼らは社会的に虐げられていましたが、僕はかえって、主流とは全く違う、スローで豊かな身体性を彼らの生き方の中に直感していました。そこには、主流社会の中ですでに失われた時間が息づいている、と。

現代社会は、身体よりも脳を優先し、効率が人生や社会の中心になってしまっています。そういう生き方がだんだんと行き詰まりを迎えていくわけですが、その時に、先ほどのマージナルな人々の文化の中にあるスローな生き方が、効率主義的な生き方に対する抵抗となっていくのではないかと考えたのです。

――この「スロー」というのは単純に「遅い」という意味ではないんですね。

そうなんです。「スロー」というのは引き算の思想です。反対に現代の経済の仕組みというのは足し算でしょう。もっと速く、もっと多く。常に成長し続けなければ成り立たない。怖いですね。おかしいと気づいても、そこから抜けさせてもらえないのです。これは誰かのせいというよりも、マインドセット（思考の枠組み）としてもう社会に組み込まれてしまっているんですね。「スロー」というのは、そういう枠組みを超えていくための引き算、もっと言えば「弱さ」への視点なんです。

スローとは人々が「つながり」を取り戻すための時間

サン＝テグジュペリの『星の王子さま』にこんな場面があります。地球に辿りついた王子さまは、やがて五千ものバラの花が咲いている庭にやってくる。彼は、そこで自分の小さな星に残してきたバラの花を思って泣き崩れるんですね。この世にたった一つだと思っていたものが、実は、どこにでもある花だったと知って悲しかったわけです。そこにキツネがやって来て、王子さまと友達になるんですが、キツネは別れる時に、なぜ王子さまにとってあのバラが大切なのかを教えてくれるんです。「あんたが、あんたのバラの花をとてもたいせつに思ってるのはね、そのバラの花のために、時間をむだにしたからだよ」と。

この「むだ」という翻訳がとてもいいですね。相手のために時間を無駄にする。これがキツネによる愛の定義です。対して現代の私たちは時間を無駄にできない。効率化というのはそういうことでしょう。そういう社会において愛は可能なのかと問いかけられます。だからスローというのは、人と人が意味のあるつながりを持つために必要な時間のことでもあるのです。

今の多くの親たちは、どうすれば子どもを効率的に育てられるかということを考えてしまいます。介護もそうですね。ＡＩ化もどんどん進んでいる。みんなとにかく時間を無駄にしたくない。でもこれまで様々なテクノロジーによって効率化され、人間の使える時間は増えてきたはずなのに、僕たちは全然ゆっくりできていないではないですか。だから枠組み自体を問い直さなければいけないんです。そういう意味で、スローというのは「つながり」であり、「弱さを抱きしめる」ということでもあるんですね。親鸞も、人間は弱い存在である、煩悩具足《ぼんのうぐそく》の凡夫《ぼんぶ》ということを言いますね。

――親鸞で言えばその「弱さ」が「悪」という言葉になるのだと思います。親鸞の言う善人悪人というのは、倫理的な意味での善悪ではないんですね。自分のやっている行いを正しいと思い込んで、その意味を振り返らないものを善人と呼び、縁次第ではどのような行為にも及んでしまう自己の弱さ、凡夫性を深く見つめるものを悪人と呼ぶわけです。だから「善人なおもて往生《おうじょう》をとぐ、いわんや悪人をや」。弱さを自覚する悪人の方が、善人よりも弥陀の救いに近い存在になってくる。そういう意味では現代の効率主義、進歩主義の社会は「善人社会」と呼べるのかもしれませんね。

無限のつながりの中に生かされてある世界

——そういう中でふと思ったのは、私たちが何気なくやっている「手を合わせる」という行為は、実はとてもスローな行為ではないのかということです。つまり、人間は手で道具を使ってお金を稼ぐ。人間の忙しさは、「手が足りない」という言葉もあるように、手に象徴されているわけです。一方で手というのは「たなごころ」と言われるように、人の心も象徴しているんですね。だから亡き人を思って手を合わせる瞬間、私たちは生産性や効率から全く外れた時間を持ち、そこで立ち止まる事ができるのかもしれません。

それは面白いですね。「合わせる」というのが、まさに先ほどの「つながる」ということでしょう。つながるというのは、自分だけじゃだめなんですね。よく経済は交換であると言われます。交換、特に等価交換や市場交換と呼ばれるものは、それ自体が効率化なんです。でも人類の歴史の99％は交換以外の方法で、モノやサービスをやりとりしていた。大雑把に「シェア」と言っておきますが、相手に「合わせる」「沿う」

ということです。フェアトレードという言葉がありますが、フェアと「正しさ」は違います。正しさというのは、「こちらが正しい」とお互いに主張したりするじゃないですか。正しさは一人でも成り立つからです。でもフェアというのは「僕の方がフェアだ」なんて言わない。お互いがフェアだと思ってはじめて成り立つのです。それがまさに「合わせる」ということ。日本語の「しあわせ」も、語源は「合わせる」という意味ですね。これは「ハッピー（happy）」という言葉とは全然違います。happy の語源は happen、偶然に「起こる」ことですから、そこに「つながり」のニュアンスはありません。でも仏教的な世界観から言えば、全てはつながりの中にあって、偶然なんてないのでしょう。

――親鸞の言う他力の信心ということも、縁起的存在として、無数のつながりの中に自分の存在が位置づけられるような体験だと思うんですね。今、民間初の宇宙旅行ということが話題になっていますが、仏教ではそんなことする必要ない。自分の頭だけで考えれば、世界は自分の見える範囲でしかないから、宇宙にも行ってみたいとなる。でも仏教の智に転回すれば、宇宙があり、地球があり、その中に日本があって、無数の歴史や出会いがあって、そうして、今ここに自分という存在がある。全てが自分とつながってくるんですね。この無限のつながりの中に自分が生かされてある。この「ある」を成り立たせている力を他力と言うのだと思います。

その他力を僕なりにどう生きてきたかというと、エコロジーなんです。生態系。ガイア理論というものがあって、それは地球全体が一つの生命体であるという考え方です。そこに生きている何千万という種の一つ一つが、僕らに分からないとしても、なんらかの形で互いにつながっているのだと。そういう意味で仏教の世界観というのは、エコロジーそのものだなと思うんです。

全体的な視野を取り戻す
「雑」で「間」的な生き方

こんな言い方をすると怒られるかも知れないけれど、親鸞って「雑《ざっ》の人」だと思うんです。「雑な人」ではなく、「雑の人」ですよ。彼の生き方というのが、お坊さんだけれどお坊さんじゃない、非《ひ》僧《そう》非《ひ》俗《ぞく》ですね。こういうことは近代的な分類の思考からいえば「雑」なんです。マージナルというのは、周辺・境界という意味ですが、もっと言えば「間」ということです。僧であり、同時に僧でない。親鸞はそういう「間」的な生き方をしていた。そういう生き方から生まれる大切な思想というものが歴史の中にはあるんですね。『万葉集』も「雑歌《ぞうか》」という部立《ぶだて》から始まっている。「雑」から始まるのです。雑というと、僕たちにとっては中途半端であったり、主要でないというイメージが強いですが、もともとは全体的、総合的であるということなんです。

――親鸞が「雑」であるというのは面白いですね。私たちは普通、親鸞に対して「雑」という言葉は使わないんですよ。専修《せんじゅ》念仏ですから、むしろ「専」の人として捉えます。でもよく考えると、親鸞という人は、そんなに専門的な生き方をしていたわけではないですよね。「これが正しいんだ」と、自力的なものには脇目もふらず、他力にだけ生きた人ではない。自らの煩悩に苦悩し、他力と自力の間に「雑なる者」としてゆらぎながら、そのゆらぎ続ける自己を念仏の上に尋ねていったのが親鸞でした。

念仏をとなえるということも、何かに還元できるような行為ではないのでしょう。ただとなえる。シンプルに突き詰めるほど、「雑」の世界というのは広がっていく。そういう構造なのではないでしょうか。

今の世の中はどんどん専門化され、それぞれの専門が全体的な視野を失ってしまっていますす。それによって色々な問題が引き起こされていますよね。グローバル経済に反対している人が環境問題には疎かったり、環境に興味のある人が平和や人権の問題には驚くほど関心がなかったりする。これは単に忙しいじゃすまない問題です。僕たちは知らないうちに分断という罠に陥ってしまっているのです。

だから「雑」ということがこれからの時代、とても重要になってくると思っています。「雑の人」というのは、間的であり、だからこそホリスティック（全体的・包括的）な見方ができる人なんです。そして、親鸞もまたそういう人だったのだろうと思います。

声に出して読みたい親鸞の言葉

齋藤 孝
明治大学教授

齋藤 孝 さいとう たかし

1960年静岡県生まれ。東京大学法学部卒業。同大学大学院教育学研究科博士課程を経て、現在、明治大学文学部教授。専攻は教育学、身体論、コミュニケーション技法。2001年に出版した『声に出して読みたい日本語』（草思社・毎日出版文化賞特別賞）がベストセラーになり、日本語ブームを巻き起こす。親鸞に関する著作としては『声に出して読みたい日本語　音読テキスト③歎異抄』『声に出して読みたい親鸞』（共に草思社）がある。

インタビュー：編集部

※このインタビューは『同朋』2019年4月号に掲載されました。

いつもかたわらにいる「人生の専属教師」

――齋藤先生は、親鸞に関する著作として、『声に出して読みたい親鸞』（草思社）という本を出されていますが、その冒頭で、「親鸞という存在は、いつも自分のかたわらにいてくれる「人生の専属教師」です」と書かれています。どうしてそんなふうに思われたのでしょう。

そうですね。まず親鸞は、日本の高僧の中ではとりわけなじみ深い存在でしょう。『歎異抄《たんにしょう》』に出てくる「善人なおもて往生《おうじょう》をとぐ、いわんや悪人をや」という「悪人《あくにん》正機《しょうき》」の文などはほとんどの人が日本史や国語の授業で習ったはずですし、〝善人よりも悪人の方が救われやすい〟のなら、自分のようにダメな人間でも救われるかも、と希望をもつ人もいるでしょう。人は誰しも、人生を歩むうちにマイナスの状況に陥る時がありますが、親鸞はそんな辛い時にこそ頼りになる思想家だと感じている人が多いんじゃないでしょうか。

これは本にも書いたことですが、親鸞は自分のことを「愚禿《ぐとく》」と称して、〝私もみなさんと同じ迷いの深い凡夫《ぼんぶ》なのだから、一緒に歩んでいきましょう〟と呼びかけてくれるような感じがしますよね。決して上から目線で「教えてやろう」といった態度はとらない。常に「わたくし親鸞は」と人々に一人称で語りかけ〝私はこう考えていますが、あなたはどうお考えですか〟と謙虚に問いかけてくる。だから、説教臭さを感じさせないんですね。

——教室でたくさんの生徒を一斉に教える学校の先生ではなく、生徒一人ひとりに語りかける家庭教師のような存在だからこそ、〝いつもかたわらにいる専属教師〟なわけですね。

何より、それまでの仏教は、延暦寺の千日回峰行《せんにちかいほうぎょう》のような激しい修行をしたり、厳しい戒律を守ったりしなければ仏に近づけない「難行道《なんぎょうどう》」でした。それに対して親鸞やその師の法然は「南無阿弥陀仏」と念仏をとなえたら救われるという「易行道《いぎょうどう》」を説いたわけです。つまり、仏道を歩むためのハードルを思い切り下げて、どんな人でも歩くことができる道を開いてくれた。それが何と言っても、幅広い人々を惹きつける理由じゃないでしょうか。

親鸞の著作を貫く徹底した「易行」の教え

――お念仏と言えば、齋藤先生も子どもの頃に寝床の中で「南無阿弥陀仏」ととなえると、心も体も落ち着いたと書いておられました。

ええ。念仏をとなえると、仏さまの名前が体の中を通り抜けていって、何か大きな存在に身をゆだねるような感じがしたものです。

誰でも、仕事が忙しい時などに気分が落ち込むことがありますね。そんな時に、お念仏をとなえることで、少し気が楽になる。それを繰り返しているうちに、念仏が心身の平静さを保つための精神の技になっていくんですね。宗教はそういう効用を求めるものではないのでしょうが、私はこれが大切なことだと思うのです。

声を出して念仏をとなえることは、呼吸とセットになっていますね。「ナムアミダブツ」であれ、「ナマンダブ」であれ、念仏をとなえることは息を吐くことにつながります。私は呼吸法の研究に長年取り組んできましたが、吐く息を長くするとリラックスして緊張が解け、物事に冷静に取り組めるようになります。その逆にパニックに陥っている人は、うまく息が吐けていないんですね。

——確かに、心の余裕をなくして苛立っている時でも、お念仏をとなえることで、自分を取り戻せるようなこともありますね。つまり、いつでもそこに帰ることができるような根拠地の役割をお念仏が果たしてくれて、それがあるからこそ、安心して新しいチャレンジができる。お念仏の魅力をそんなふうに語る人もいます。

そうかもしれません。例えば、優秀なスポーツ選手はスランプに陥りにくいと言われますが、それは何か心身の不調が起きた時に戻るべき基本が確立しているからなんですね。

『声に出して読みたい親鸞』を書くために、親鸞の著作にいろいろ目をとおして気がついたのですが、どの著作も一貫した思想を伝えていて、最終的にはお念仏に収斂されていくんですね。それは、思想家として理想的なスタイルだと思います。親鸞の著作の中には『教行信証《きょうぎょうしんしょう》』のように難解で深淵な思想を語っているものもあるのですが、最終的に行き着くところは、具体的な身体の行為であるお念仏でしょう。それに比べて、例えば哲学者のハイデガーであれば、著作が難解なだけでなく、その思想をどう実践すればよいのかと考えても、抽象的な指針しか出てきません。その点、誰にでもすぐ実践できるお念仏という易しい行を伝えてくれるところが、親鸞の大きな魅力だと思います。

「他力本願」とは努力しないということではない

——親鸞の言葉の中で、「他力」というのは最も誤解を受けやすい概念のひとつです。「他力本願《ほんがん》」というと、何もかも他人まかせにして、自分は怠けていてもかまわないといった無責任な考え方のように思われがちなのですが…。

「他力」という考え方は、いわば宗教の本筋と言っていいと思います。そもそも、私たちの人生なんて、ほとんどが思いどおりにならないことばかりでしょう。生まれる時も死ぬ時も自分で選べるわけじゃありませんし、心臓の鼓動ひとつとっても、思いどおりにコントロールできるわけじゃありません。私たちは、自分を超えた大きな力によってこの世に生かされている、そもそも他力的な存在なんですね。この世界には自力ではどうにもならない人知を超えたものがあり、それに対して自分は基本的に無力である。そのことに気がつけば、自力ではどうにもならないものは、自分を超えた大きな力にいったんお任せし、無理して力まずに、落ち着いて自分の本分を尽くせばいいわけです。だから「他力本願」という考え方は、決して何も努力しないということではなく、むしろ安心して努力できる環境を整えてくれるような気がします。そして、逆にそのことに気がつかない人は、自我の蟻地獄にはまってしまい、「自分が、自分が」と自我ばかりが肥大化して身動きがとれなくなってしまうんですね。

西田幾多郎の心を動かした『歎異抄』の言葉

—2017年の3月には、真宗大谷派(東本願寺)真宗会館が主催して東京で開催された「第12回親鸞フォーラム」で、シンポジウムのパネリストとしてご登壇いただきました。

ええ。そのシンポジウムで、大谷大学の一楽《いちらく》真先生が話されたことがとても印象的でした。どういう話かというと、阿弥陀仏の「阿弥陀」という言葉のもとになっているのは「アミタ(amita)」というインド伝来の言葉で、それは〝はかる〟という意味の「ミタ(mita)」に、否定をあらわす「ア(a)」という語がくっついたものだと。つまり「アミタ」というのは「はかることができない」という意味で、だから「無量」と漢訳されている、というお話でした。ふだん「南無阿弥陀仏」と念仏をとなえていても、「阿弥陀」にそんな意味があると意識している人は少ないのではないでしょうか。

――確かにそうですね。そのことはもっと積極的に伝えた方がいいのかもしれません。

人間というのは、自分の物差しを何にでも当てはめて、どちらを選べば得だろうかとか、どっちが善でどっちが悪だろうかとか、いつも測らずにはいられない存在ですね。現代はますますそういう傾向が強まって、息苦しい世界になっているのではないか。だからこそ、阿弥陀さまの名前が「はかることができないもの」を表しているということがもつ意味は大きいように思います。いっそのこと、「阿弥陀＝はかることができないもの」という説明を図案化してシールやステッカーを作り、ノートにでも貼ってもらえるようにするといいかも(笑)。

――貴重なアイディアまでいただいて、ありがとうございます（笑）。

ところでその時の「親鸞フォーラム」でも言及したお話ですが、哲学者の西田幾多郎が、幼い娘を亡くした時の心境を「我が子の死」というエッセイに書いているんですね（岩波文庫『西田幾多郎随筆集』所載）。昨日まで愛らしく話したり、歌ったり、遊んだりしていた娘が、たちまち消えて骨壺の中の白骨になってしまった。これはいったいどういうわけだろうか、と西田は悩むわけです。おそらく彼はこの時、自分がこれまで探究してきた哲学の議論では、この問いに全く答えられないということに愕然としたのではないでしょうか。

どんな人でも、わが子の死のようなことに遭遇すると、いろいろな迷いが生じ、「あれをしたらよかった」「これをしたらよかった」などと後悔の念に心を悩まされます。しかし、後悔の念が起こるのは、自分の力を信じすぎるからだ、と西田は思い至るんですね。そして、こんな時こそ自分の無力さに気づき、己を棄てて絶対的な力に帰依してみよう。そうすれば、後悔の念が懺悔の念に転じ、心の重荷を降ろしたように救われると同時に、亡くなった死者に詫びることもできるのだと書いています。さらに、「念仏は、まことに浄土にうまるるたねにてやはんべるらん、また、地獄におつべき業《ごう》にてやはんべるらん。総じてもって存知《ぞんじ》せざるなり」という『歎異抄』の言葉を引用し、親鸞のそうした尊い信念の面影を窺って、無限の新生命に接することができると最後に述懐しているのです。

西田幾多郎のように日本を代表する世界的な哲学者がこんなことを書いているのは驚きですし、とても印象に残っているエッセイです。おそらく彼は、『歎異抄』のその言葉を、親鸞が自分に語りかけてくれたかのように感じ、娘を失った悲しみから解放されたのではないか…。親鸞の言葉というのは、時空を超えて人々に受け継がれていく精神の灯のようです。そしてその特徴は、『歎異抄』や『教行信証』などの著作に盛り込まれた親鸞の言葉を声に出して読むことで、最もよく伝わるのではないかと思うのです。

僧侶として、ミュージシャンとして

二階堂和美

シンガーソングライター

撮影：坂田直弥
（株式会社SAEDA）

二階堂和美 にかいどう かずみ

1974年広島県生まれ。実家は浄土真宗本願寺派の寺院。同派僧侶。山口大学大学院美術教育専修修了。99年、デビューアルバム『にかたま』（ウチダレコード）をリリース。東京での音楽活動を経て、2004年より広島県在住。国内外のアーティストとのコラボレーションやCM歌唱も多数。11年に5枚目のアルバム『にじみ』（カクバリズム、P-VINE）をリリース。13年には高畑勲監督のアニメ映画『かぐや姫の物語』（スタジオジブリ）の主題歌「いのちの記憶」（ヤマハミュージックコミュニケーションズ）を発表。19年には、エッセイ集『負うて抱えて』（晶文社）を刊行。現在は浄土真宗本願寺派大龍寺住職。2児の母でもある。

インタビュー：川村妙慶

※このインタビューは『同朋』2019年5月号に掲載されました。

自分らしい音楽は何かと模索し続けた日々

――2018年に亡くなった高畑勲監督のアニメ映画『かぐや姫の物語』(スタジオジブリ)を拝見した後、主題歌「いのちの記憶」を歌っておられた二階堂さんの声がずっと耳の奥に残りました。忘れられない声の持ち主ってこういう人のことだなあ、と思って二階堂さんのプロフィールを調べてみたら、浄土真宗本願寺派のお寺のご出身で、僧侶兼シンガーソングライターということで驚きました。お寺に生まれた二階堂さんが、なぜ歌に興味をもたれたのですか?

最初は本当に単純で、子どもの頃はピンク・レディーとか松田聖子さんとか、当時のアイドルの真似をしてお寺の縁側で歌ったり踊ったりしていました(笑)。その後、高校でロックバンドに誘ってもらい、文化祭で初めてステージを経験。その延長で、大学でも軽音楽同好会に入り、アマチュアなりに少し人気が出たり、レコード会社から声をかけていただいたりしたこともありました。大学では教員をめざして教育学部で美術教育を専攻していたんですが、絵を描いたり音楽をやったりと、とにかく何か創造的なことに関わるのが楽しかったんですね。

——その後、東京に出て音楽活動をされていた時期もあるとか。

ええ。1988年に大学院を修了した後、将来お寺を継ぐことを交換条件にして親を説得し、期間限定でいいからと言って上京したんですね。東京では、学生時代に声をかけてくれたレコード会社の人がお世話してくださったりして、翌年には1枚目のアルバムを出すことができました。でもそのアルバムの出来が、どうもしっくりこなくて、その後もいろんな方とコラボレーションしたり、新しいアルバムを作ったりしながら、本当に自分らしい音楽はどういうものかと模索する日々が続きました。その間に、自分の身の上にもいろんな転機があって、2004年には東京から広島県大竹市にある実家のお寺へ戻ってきました。

——広島へ戻られた後も、いろんなアーティストとユニットを組んだり、海外ツアーをされたりと、積極的に音楽活動を展開されていますね。そして、2011年には5枚目のアルバムとなる『にじみ』を発表されました。今回、二階堂さんが以前にリリースされたCDをいろいろ聴き直しましたが、個人的にはこのアルバムがいちばん印象的でした。

ありがとうございます。私としても、『にじみ』を発表した時、ようやく自分らしい作品ができたという手応えを感じました。実は、このアルバムを作り終えたら、活動の中心をお寺の仕事にシフトしようというつもりがあって、売れるかどうかは関係なく、自分がやりたいことをやり尽くしたいという思いで作りあげたアルバムでしたから。

教えに後押しされて出てきた会心のアルバム『にじみ』

浄土真宗の教えと照らし合わせて歌詞を紡いだ曲が多いのも、『にじみ』の特徴です。たとえば、「女はつらいよ」という曲には、「悔やんでもこのばかは／同じあやまちくり返す」なんていうフレーズが入っていたり。

——親鸞の和讃にある「悪性《あくしょう》さらにやめがたし」という言葉を連想しますね。それにしても、お寺で生まれ育ち、早くから教えを聞いてきたことが、音楽にも生かされるようになったなんて、不思議ですね。

実は、このアルバムにはもともと『十八番《オハコ》』という仮タイトルをつけていました。自分が得意なものを集めて作ったアルバムという意味もありますし、仏さまの本願《ほんがん》(四十八願)の中でも特に大切な十八願にちなんだタイトルでもありました。

ところが、このアルバムのレコーディングが終わったのが11年の3月10日。その翌日に東日本大震災が起きたんです。芸能全般に自粛ムードが広がり、私自身もスタッフも、このアルバムを出すべきかどうか考えさせられました。震災で辛い思いをされた方の耳に、これらの曲がどういうふうに聴こえるだろうか、と。でもそういう気持ちで聴き直してみると、このアルバムは自分のはからいを超えた力をもっているかもしれないと思えてきました。むしろ今こそ聴いてもらうべき作品じゃないか、と。そうだとするならば、それはきっと、浄土真宗の教えに導かれて紡いできた歌だからであって、そう思うと、もはや私個人の「十八番」などではなくて、しみついて逃れられないものだと思ったのです。そしてそれが歌をとおしてみなさんにもにじみ込んでいってほしい。そんな意味合いをこめて、『にじみ』というタイトルでリリースさせていただくことになりました。

死と誕生の経験に導かれた「いのちの記憶」の歌詞

――その後、13年には『かぐや姫の物語』の主題歌を歌われることになるわけですが、どんなきっかけでそうなったのでしょうか。

まず、『にじみ』が思った以上に反響を呼び、いろいろなメディアで紹介された中で、高畑監督が新聞記事を見て興味をもってくださったそうです。それでCDを買って聴いて、とても気に入ってくださったとか。そして、映画に歌が要る、となった時に、監督ご自身がスタッフに提案してくださって決まったようです。

――監督自身が提案して決まったなんて、すごい惚れ込みようだったんですね。

実は、ちょうどその頃、私のお腹には、第一子となる娘がいたんです。歌の依頼を受けた時には、妊娠5か月ぐらいだったかな。でも監督とお会いしたら、案の定、意気投合して、何としてもやり遂げたいと思いました。そこからメールなどでやり取りを重ね、4か月かけて作詞作曲し、出産のひと月前に録音を終えました。大変でしたが、そういう時期だったからこそ、「いのち」というものに身をもって向き合えたのかもしれません。
そうやって新しいいのちの誕生を迎える一方で、その時期には2人の祖母の介護もわが家の課題でした。祖母の一人は出産の直前に亡くなり、一緒に住んでいたもう一人の祖母も、認知症が進んで私のことがだんだんわからなくなっていったんです。『かぐや姫の物語』の最後に、羽衣を掛けられた姫がこの世の記憶をなくすというエピソードがありましたが、祖母が私のことを忘れていく切なさと、あわせて、お浄土へ行かれる方がこの世の執着を離れて仏となって生まれる姿にも重なって…。「いのちの記憶」の中で、「なにもわからなくなっても／たとえこのいのちが終わる時が来ても」という歌詞などは、そんな経験に導かれて出てきたような気がします。

――生活の中で出会う生老病死《しょうろうびょうし》の経験は、いつも私たちを仏法へ導いてくださる気がします。

大学4年の時に、大好きだった母方の祖父が亡くなったんですね。その法要の時に、亡くなった方は仏さまになって私たちを見守ってくださるというご法話を住職からいただいて、それならこの悲しみから立ち直れそうだと思ったのです。浄土真宗の教えは、亡くなった方への供養というより、むしろ生きている私にはたらきかけてくださっている。そう思えたことが教えに興味をもつきっかけになりました。

——親鸞の和讃に「憶念《おくねん》」という言葉が出てきますね。「弥陀の名号《みょうごう》となえつつ／信心まことにうるひとは／憶念の心《しん》つねにして／仏恩報《ぶっとんほう》ずるおもいあり」。憶念とはお念仏の教えを固く心に刻んで忘れないということでしょうが、知らず知らずのうちにお念仏をいただいてきた二階堂さんにいちばんふさわしい言葉のような気がします。

「いのちの記憶」の歌詞に「必ずまた会える／懐かしい場所で」というフレーズが出てきます。それを書いた時は、津波や原発事故で失われた故郷や、漠然と「心」をイメージしていたのですが、ある先生が「あれはお浄土のことでしょう」と指摘してくださったんですね。それも本当に知らず知らずのうちに、浄土真宗の世界観が私の意識に現れてきてくださったということなのでしょう。

一足先に歩いてくれている先輩としての親鸞

──その他にも、僧侶として、ミュージシャンとして生きる中で、親鸞との出会いがいろいろとあったんじゃないでしょうか。

こんなことを言うと叱られるかもしれませんが、私は親鸞のことを〝親鸞先輩〟と思っています。同じ道を歩ませていただいている先輩ですね。例えば『歎異抄《たんにしょう》』でも、親鸞が浄土に生まれることを喜べない気持ちをずっともっておられたということが書かれているでしょう。

──『歎異抄』の第9章ですね。弟子の唯円《ゆいえん》が「お念仏を申しても、躍り上がるような喜びを感じませんし、急いでお浄土に行きたいという気持ちにもなれません。これはいったいどういうことでしょうか」と親鸞に問いかけたところ、「私もそのことを疑問に思っていましたが、唯円、あなたもそうだったのですね」と答えた、と。

ええ。生涯迷われていた方だからこそ、その道を信じてついてゆけるのです。親鸞先輩でさえそうだったのなら、私なんかすぐ迷ってしまうのは当たり前でしょう。本当に、私はいつも劣等感に苛《さいな》まれているんですね。何ひとつ満足にやりとげられず、あれもこれもと欲張るばかりで、何もかも中途半端にしてしまう。そんな私でも受け入れてくださるのが真宗の教えだと思っています。

――これからもミュージシャンとして、僧侶として、さらに一人の母親として充実した人生を送られることでしょうが、将来の方向性を何か考えておられますか。

今は子ども2人になり、お寺の仕事も今後ますます増えますが、だからといって音楽の仕事から引退しようとは思いません。ただ、今思っているのは、外に出ていくだけでなく、地域の中で場としてのお寺を大切にし、ご縁をつないでくださったご門徒の方々に恩返しがしたいということ。そして今は地方にいても、いくらでも全国に向けて音楽を発信できる時代ですから、そういう面でこういうやり方もあるという、次の世代の人たちのひとつの見本になるような活動ができればと考えています。

「編集」の視点から見た法然・親鸞

松岡正剛
編集工学研究所所長

撮影：山川哲矢

松岡正剛 まつおか せいごう

1944年京都市生まれ。71年に出版社「工作舎」を設立し、雑誌『遊』を創刊し自ら編集長を務める。82年に工作舎を退社。その後、東京大学客員教授、帝塚山学院大学教授を経て、現在は編集工学研究所所長、イシス編集学校校長。主な著作に『空海の夢』『擬（MODOKI）「世」あるいは別様の可能性』（共に春秋社）、『花鳥風月の科学』（中公文庫）、『フラジャイル　弱さからの出発』『日本数寄』『山水思想「負」の想像力』（以上、ちくま学芸文庫）、『知の編集工学』（朝日文庫）など、共著に『日本問答』（岩波新書）、『読む力　現代の羅針盤となる150冊』（中公新書ラクレ）などがある。

インタビュー：編集部

※このインタビューは『同朋』2019年6月号に掲載されました。

学生時代から高まっていった仏教への関心

——松岡さんは京都のお生まれで、実家は熱心な真宗門徒だったそうですね。

ええ。もともとわが家はお東さん（真宗大谷派）の門徒で、母は毎晩ふとんに入ると〝ナンマンダブ、ナンマンダブ〟と念仏をとなえながら眠りにつく、そんな家に育ちました。仏壇と「正信偈《しょうしんげ》」がいつも身近にあるような環境でしたが、近すぎるがためにかえって仏教とは何かよくわからなかった。やがて西洋の文学や哲学、思想に関心が向かい、大学ではフランス文学を学んだのですが、何かしっくりこないところがある。それに対して、幼い頃に周りの大人がとなえていたお経に出てくる阿弥陀仏が、キリスト教のヤハウェ（エホバの神）やイエスと違って、いわば「救い」そのものがイコン（聖像）化されたような存在であることに興味を覚え、そこから徐々に仏教への関心が高まっていきました。

——学生時代から親鸞や道元にも関心をもっておられたとか。

特にマルクス主義や実存主義の影響が強かった1960年代には、親鸞の思想が野間宏や吉本隆明など多くの知識人を魅了していましたし、道元の思想も、特に「有《う》事《じ》」をめぐる時間論がハイデガーやベルクソンなどの哲学的な時間論と比較されて関心を集めていました。私もまた、当初はそうした文芸的もしくは哲学的な興味から親鸞や道元の思想に関心を寄せていた。しかしそれは、後になって仏教そのものへの関心につながっていきました。

動きがない日本仏教の現状に業を煮やして

——70年代になると、松岡さんは工作舎という出版社を立ち上げ、自ら編集長となって『遊《ゆう》』という雑誌を創刊されました。アートや文学、思想、宗教、科学などのジャンルを超えた大胆な編集内容は、斬新な装丁デザインともあいまってとても話題になりましたね。

その『遊』の82年3・4月合併号では、「仏教する」というテーマで特集を組みました。なぜ「仏教」に「する」をつけて動詞にしたかというと、あまりにも当時の日本仏教に動きが欠けていると思ったからです。欧米では70年代後半から、いわゆるカウンターカルチャー（対抗文化）の運動と軌を一にして、ニューエイジ・サイエンスなど現在の〝スピリチュアル（精神世界）〟につながるような新しい宗教運動のうねりが起きていました。もちろんその背景には、仏教をはじめとした東洋思想の影響があったわけです。

それにひきかえ、日本仏教にはどうしてこんなに動きがないのかと苛立ちを感じた。しかし、お坊さんに文句をつけてばかりいてもしょうがないので（笑）、自分でも仏教の本を書こうと思いたち、82年に『遊』を休刊し工作舎を退社して、84年に出版したのが『空海の夢』（春秋社、2005年に新装版）でした。

――その後、仏教関係の本としては、2011年に『法然の編集力』（NHK出版）を上梓しておられます。親鸞の師である法然がどのようにして専修《せんじゅ》念仏を「選択」したのかを、「編集」という松岡さんならではの視点から読み解いたユニークな仏教書ですね。

編集というと、一般的には雑誌や書籍の編集とか、映画やドラマの編集を思い浮かべるでしょうが、私はもっと広い意味合いでこの言葉を使っています。私が言う「編集」とは、さまざまな情報を受けとめ、表現する方法のすべてです。それは人間がすることだけに限りません。例えば生物の遺伝情報は、A（アデニン）、T（チミン）、G（グアニン）、C（シトニン）という4つの塩基がDNA上でどのように配列されるかによって決まりますが、このことは生命の仕組みが情報編集の仕組みと同じであることを暗示しています。ゲノム編集という用語も定着しました。また、人間がこれまで言葉を使って文明や文化を築いてきたことを考えれば、人類の歴史は情報編集の歴史だったと見ることもできるわけです。

全仏教史を書き換えるような法然の編集力

――なるほど。その意味では仏教もまた編集されてきたものと見ることができそうですね。

もちろんそうです。仏教はもともとブッダが人々に口頭で説いた教えでしたが、師の没後にマハーカッサパ（摩訶迦葉《まかかしょう》）やアーナンダ（阿難《あなん》）などの弟子たちが一堂に会して、自分たちがそれぞれに聞いてきた教義や戒律などを出し合い、文字による経典にまとめていった。この経典編集のための集まりを「結集《けつじゅう》」と呼びますが、初期仏教の時代にはこうした結集がほぼ１００年ごとに4回繰り返されたと言われています。そうやって阿含《あごん》経典（原始仏典）が成立していった数百年に及ぶ仏弟子たちの営みは、世界史上最大の「編集プロジェクト」と言えますよね。

さらに、紀元前後から起きたとされる大乗仏教運動の中から『法華経《ほけきょう》』や『華厳《けごん》経』、『維摩《ゆいま》経』といった新しい経典が次々に編纂され、その上にナーガールジュナ（龍樹《りゅうじゅ》）の『中論《ちゅうろん》』やヴァスバンドゥ（世親《せしん》、天親《てんじん》）による『倶舎《くしゃ》論』などの思想書が積み上げられていきます。ついで、インドで成立したこれらの仏典をクマーラジーヴァ（鳩《く》摩羅什《まらじゅう》）などの訳経僧が中国語に翻訳し、それらが海を越えて伝わってきた結果、日本仏教が形作られていくわけです。

――そうやって辿っていくと、仏教史を大きな「編集」の歴史と見ることもできそうですね。法然もまた、善導《ぜんどう》という中国の高僧が浄土三部経のひとつ『仏説観無量寿《ぶっせつかんむりょうじゅ》経《きょう》』を読み解いた『観経疏《かんぎょうしょ》』という注釈書と出会ったことで、専修念仏の思想に辿り着くわけですが、松岡さんの見方ではそれもまた「編集」であると。

そうです。『選択本願念仏集』を読むと、法然は『観経疏』の中のほんの数行を読んだだけで、たちどころに余行《よぎょう》（念仏以外の行）を捨て、念仏ひとつに帰依したかのように書かれています。『観経疏』のその部分には、「一心に念仏をとなえることが往《おう》生《じょう》に至る正しい道である。なぜならそれは阿弥陀仏の本願《ほんがん》にかなっているからだ」と説かれていました。しかし、法然はなぜその文章を発見できたのか。それまでに彼は、自力の行などできっこないような「凡夫《ぼんぶ》」が救われる方法を一貫して探し求め、膨大な仏典を読みこなしてきたわけです。そうした過程があったからこそ、その一文を発見できた。その発見を転回点にして、法然は「念仏さえとなえれば誰でも往生できる」という、それまでの仏教史をすべて書き換えるような教えを説いていくわけです。それを可能にしたのが、私の言う〝法然の編集力〟です。

逆説的なコミュニケーションが親鸞の最大の魅力

――親鸞はその法然の専修念仏の教えを引き継いでいくわけですが、彼の主著である『教行信証《きょうぎょうしんしょう》』を見ると、大部分がそれまでの経典や論釈書の引用で成り立っています。その点から言うと、親鸞もまた編集力が際立つ人だったように思うのですが。

そう思いますね。法然にせよ親鸞にせよ、経典の分厚いテキストを読みこなして、肝心なところを的確に引き抜いてくる力は並大抵のものではありません。

私は幼い頃に、大人たちがとなえるのを聞いてそらんじていた「正信偈」について、あれは何だったのかと改めて考えてみました。あの偈文は『教行信証』行巻のラストに置かれているわけですが、ちょうど現代でいう「カットアップ」に近く、元の文章をばらばらに切り離して再構成するような技法を駆使して、短い偈文の中で念仏の教え全体を実にわかりやすく要約しています。そもそも専修念仏の教えというのは、極端に言えば仏教の教えの全てを「南無阿弥陀仏」という6文字の名号に集約させているわけでしょう。親鸞は、そうやって巨大なものを小さな細片に集約させていく技法に特に長けていたように思います。

――いつかぜひ、〝親鸞の編集力〟という本を書いていただきたいですね（笑）。最後に、松岡さんが感じる親鸞の凄さとは、どんなところにあるでしょうか。

まず、親鸞が90年に及ぶ長い人生の中で、自分の師を法然一人に限定できたことが凄いと思います。もちろん法然の前には龍樹や善導や源信など浄土教を大成させていったユニークな僧たちがいたわけですが、同時代に生きた僧侶の中で親鸞が師事したのは法然だけでした。普通ならもっと迷いますよね。比叡山にだってたくさんの優れた僧侶がいたでしょうし、吉水で出会った法然の弟子たちの中にも傑出した人物はいたでしょう。にもかかわらず、『歎異抄』の中で「法然聖人にすかされまいらせて、念仏して地獄におちたりとも、さらに後悔すべからずそうろう」と語っているように、親鸞はただ一人の師の言葉にひたすら従って生きた。その生涯には並々ならぬ凄みを感じます。

――確かにそうですね。親鸞は30代の半ばに起きたいわゆる「承元《じょうげん》の法難」で流罪にされて以来、法然に一度も会っていないにもかかわらず、88歳という最晩年に書いた手紙の中でも、「浄土宗のひとは愚者になりて往生す」と師に教わったことを、まるで昨日のことのように生々しく回想しています。

次に凄いところは、今言われた法難で越後へ流されてから、数年後には流罪を解かれたにもかかわらず、京都へ帰らず関東に身を移し、そこで家族と共に20年ほどの歳月を過ごしたことです。時には無聊《ぶりょう》にさいなまれる田舎暮らしの中で、親鸞は一本の稲藁のように平凡な生活の細部が全て浄土につながっていくという視点を獲得したんですね。

法然から引き継いだ念仏の教えをさらに先鋭化する大変な仕事を成し遂げながらも、〝自分はそんなにたいした者じゃないんだ〟という態度を常に示し続けたことも、凄いところです。『歎異抄』に描かれた弟子・唯円《ゆいえん》との問答を読むと、親鸞はいつも信と不信の間で、あるいは善と悪の間で揺らぎ続けている自分を隠そうとしません。あえて「自分は大義を獲得したわけじゃない」という確信のもとで、伝道し続けたのではないかと思います。自分はいつも揺らいでいる、だからこそ教えが伝わるという逆説的なコミュニケーションのあり方に達したということ。それこそが他の宗教者には見られない親鸞の最大の魅力です。

「超越と実存」から道元と親鸞を読み解く

南　直哉

曹洞宗僧侶・恐山菩提寺院代

撮影：岡本 淑

南　直哉 みなみ じきさい

1958年長野県生まれ。早稲田大学第一文学部卒業後、大手百貨店勤務を経て、84年に曹洞宗で出家得度。同年から曹洞宗・大本山永平寺で約20年の修行生活を送る。現在、曹洞宗霊泉寺（福井県）住職、青森県恐山菩提寺院代。『恐山　死者のいる場所』（新潮選書）、『「正法眼蔵」を読む』（講談社選書メチエ）、『老師と少年』（新潮社）など著書多数。2018年には『超越と実存―「無常」をめぐる仏教史』（新潮社）で第17回小林秀雄賞受賞。

インタビュー：花園一実

※このインタビューは『同朋』2019年7月号に掲載されました。

死者がリアルな存在として「いる」恐山で出会った世界

――南さんは永平寺での20年間の修行を経て、現在は青森県の恐山《おそれざん》菩提寺に住職代理としてお務めになっています。恐山と言えば地獄巡りやイタコなど、いわゆる「あの世」的なイメージが強いですが、実際に入ってみてどういう印象でしたか。

最初は同じ宗派とは思えなかったですね。周りの仲間も「なんであんなところに行くんだ」という感じでした。でも私の師匠だけは、あそこはお前に合っている場所だぞ、と言ってくれました。実際に入山すると、もう分からないことだらけ。これまで永平寺で学んできた理屈が全く通らないのです。80代のおばあさんが、大きなリュックを背負って登ってきたと思えば、そのリュックからパイナップルを取り出してお地蔵さんにお供えし、何か大声で唱えている。怪しすぎますよね（笑）。一体何がこんなことをさせるのか、不思議に思っていました。

それで思い出したのは、道元禅師の御廟《ごびょう》所に仕えていた時のことです。そこでは、まるで道元が今でも生きているかのように仕えなければいけないのですね。そこは起床時間が午前1時というところで、70代の老僧の指導の下、抹茶や仏膳のお供えに始まるあらゆる作法が、寸分の狂いも許さない厳格さで実行されていました。お経も3倍くらいの時間をかけて、ゆっくり上げる。ある日、私は思わず「こんなオカルトみたいなこと、本当にやらなくてはいけないんですか？」と言ってしまったのです。間違いなく怒られると思いました。すると、老僧はニヤッと笑って「あんた、それは取引で考えているからだ。それでは世間と同じだ」と。

——取引ですか。

それをすれば何か良いことがあるという意識でやっているんだろうが、そうではないと。「あんたが礼拝をすれば、道元禅師がそこに立つ。我々は何も棒きれなんかに礼拝はせん」。つまり行の上に人が現れる。行が廃《すた》れたならば、ここに道元禅師はいなくなるのだと。それを聞いて、ああっと思いました。その老僧にとって、道元はリアルな存在なのです。すでに死んでいなくなったものに向かって礼拝しているのではない。それを思い出した時、恐山に対する考えが、がらっと変わりました。恐山には死者が「いる」のだ。おばあさんがリュックを背負ってやって来るのは、まさにそこに死者が「いる」からです。それは幽霊ではなく、リアルな存在として「いる」のです。

私はリアルとバーチャルの違いはひとつしかないと思っています。それは「思い通りになるか、ならないか」という一点です。自分でスイッチを切れるならバーチャル。切ろうとしても切れないのがリアルです。現実に生きているかどうかではない。観念だってリアルになり得る。だから肉体が死んだらバーチャルだと思うのは浅はかな考えですよ。恐山には死者に縛られ続けている人がたくさんいるのです。境内から湖（宇曽利山湖《うそりやまこ》）に向かって死者への思いを泣きながら叫んでいる人がいるのです。

悲しみや喪失感を言語化することの大切さ

――南さんは恐山のことを、パワースポットではなく「パワーレススポット」と表現されていますね。特別な力を与えてくれる場所ではなく、人間が背負っている死者への想い、悲しみ。そういうものを放出し、また受け止めてくれる場所として恐山はあるのだと。

そうですね。私はお葬式でいちばん重要なのは、その人が死んだことを確定することだと思っています。その確定によって、初めて死者が立ち上がってくる。その時、その死者との関係をどう結ぶかということが儀式の役割です。しかし、そのやり方がそのまま遺族の感情の受け皿になればいいけれど、どうしてもそこから溢れてしまうケースがある。その溢れた想いを受け止めてくれるのが霊場だと思います。

——そういう意味ではお墓もひとつのパワースポットと言えるかもしれませんね。

以前、お寺に夜の10時くらいにお墓参りに尋ねて来られた方がいました。30代くらいの男性で、ご門徒ではなく初めてお見かけする顔です。髪もぼさぼさで、精神的に落ち着きがない印象でした。私は少し怖いなと思いながらご案内し、遠くから様子を伺っていたのです。その方はお墓の前に座り込んで、1時間くらいずっと何か話しかけている。時どき怒ったように声を荒らげたり、かと思えばとつぜん大声で泣き出したりする。やがてお参りが終わってご挨拶に来てくださったのですが、顔を見て驚きました。来た時と表情が全然違うのです。まさに憑き物が落ちたという感じで、こんな時間にすみませんと、何度も頭を下げられました。それを見て、あの人はお墓の前で「この世」の色々な感情を下ろしていかれたのだなと思ったのです。

人間にとってそういう場所は大切だと思いますね。特に今の若い世代は、関係性が崩れることを怖れるからか、自分のドロドロとした負の感情を吐き出すことが苦手でしょう。悲しみや喪失感を言語化する作業に慣れていないのです。慣れていないから宗教の言葉も、どこか外国語のように感じてしまう。だからまずは彼ら彼女らの気持ちや不安を汲み取って、それをていねいに言語化してあげることが大事だと思います。

信じることができない自分の「実存」に立った親鸞

――2018年に出版された『超越と実存―「無常」をめぐる仏教史』(新潮社)を拝読しました。「超越」、「実存」、そして「無常」といった概念をキーワードに、インド、中国、日本の仏教史を哲学的に読み解いた注目の書ですが、その最後の章では、道元禅師と並んで親鸞についてもかなり詳しく論じておられます。あらためて親鸞という人物について、どんな印象をお持ちでしょうか。

実は親鸞と出会ったのは道元より早くて、高校生の時に『歎異抄《たんにしょう》』を読み、〝師の法然に騙されてもかまわない〟と書いてあることに衝撃を受けました。一体どういう心境なのだろうかと。そもそも念仏って、普通に考えて容易に信じられるものじゃないですから、特別な人がやるんだと思っていたのです。ところが親鸞は信じられなくて当たり前というのですから、これはただごとではないと思いましたよ。

——この本の中で「法然と親鸞の非連続」ということを書かれていますね。もちろん法然なくして親鸞はいないわけですが、二人の問題設定は明らかに違うのだと。これは大事な視点です。

専修《せんじゅ》念仏はまさに画期的な思想です。それを法然は大乗仏教の普遍的救済思想として、理論的に確信していたのだと思います。そういう意味で法然という方は極めて高度な理論家ですよ。対して親鸞は、自分は絶対に信じることができないのだという、「実存（存在の事実）」の方に立ったわけです。

——法然は民衆に「どうすれば浄土に往生《おうじょう》できるのか」を説き広め、親鸞は「何が私を浄土から遠ざけているのか」を、自らの問題として考え続けたのでしょう。言い換えれば、「信じれば救われる」ではなく、「信じることのできない私」という問題に立ち続けたのが親鸞だと思いますね。

人間の限界性に向き合い続けた道元と親鸞の共通性

『教行信証《きょうぎょうしんしょう》』はまさに乾坤一擲《けんこんいってき》の著作だと思います。そのほとんどが引用文で成り立っている、歴史的にも特異な書物ですね。あれは親鸞にしか書けないし、親鸞しか書かないでしょう。納得しがたいことを納得しようとするには、あのやり方しかないのです。それは能力や技量の問題ではなく、あの書き方そのものが、彼の思想の格闘をそのまま表している。少なくとも確信に満ちた人間の書き方ではありません。そこに魅力を感じますね。どちらに親近感を感じるかと言えば、実は道元より親鸞の方です。道元はちょっと粘着質な性格ですから（笑）。

――道元と親鸞は、もちろん禅と念仏で立場は違うのですが、実は思想的にはよく似ているような気がします。道元の「只管打坐《しかんたざ》」は「ただ座る」ということで、人間の悟りへの行為性を否定しますが、親鸞も「ただ念仏」と言い、『歎異抄』では「念仏は行者のために、非行非善《ひぎょうひぜん》なり」、つまり、念仏はそれをとなえる人にとって「非行（行ではない）」と言っています。

「ただ」が大事なんですね。あの「ただ」というところに、我々が「超越（悟り）」とどう接点を持つのかが懸かっている。しかし同時に、気をつけなければいけないのは、それは何も考えずにやれということではないのです。その「ただ」という内容に込められた悲しさ、際どさというものを常に意識していかなければならない。

——思考停止ではなく、自力の否定としてあるような「ただ」なんですね。

そこには人間が無常な存在であるという意識が込められているのです。無常な実存をどう受け止めるかという時に、もうこれ以外の生き方はないという悲しみがある。自己は仮設されたものであるという意識をたもつ場が坐禅ですが、その坐禅によって悟りを求めた瞬間、その求める行為により、かえって強固な自己意識が基礎づけられてしまう。そういう人間の限界性を潜ったところにあるような「ただ」なんです。だから何も考えないのではなく、無常な実存であるという意識を坐禅の中に確保しておかなければいけないというのが私の坐禅観です。

親鸞の念仏にも同じものを感じます。往生しようとして念仏するのではない。念仏によって往生できるかどうかは分からないと親鸞は言うでしょう。

——そうですね。往生を自己の目標として考える限り、「私が」という自己意識から逃れられない。その自力の限界性を親鸞はよく見ていたと思います。そういう意味で「悟るための坐禅」を否定したのが道元であれば、「往生のための念仏」を否定したのが親鸞の念仏だと言えるかもしれません。

〝無所得無所悟《むしょとくむしょご》の坐禅〟と言いますが、まさに〝無所得無往生の念仏〟ですね。

社会学の視点から親鸞の可能性を読む

大澤真幸
社会学者

撮影：岡本 淑

大澤真幸 おおさわ まさち

1958年長野県生まれ。東京大学大学院社会学研究科博士課程単位取得満期退学。社会学博士。千葉大学文学部助教授、京都大学大学院人間・環境学研究科教授を歴任。現在、月刊個人思想誌『大澤真幸 THINKING「O」』刊行中、「群像」誌上で評論「〈世界史〉の哲学」を連載中。『(増補版) 虚構の時代の果て—オウムと世界最終戦争』(ちくま学芸文庫)、『不可能性の時代』(岩波新書)、『〈自由〉の条件』(講談社文芸文庫)、『自由という牢獄—責任・公共性・資本主義』(岩波現代文庫) など著書多数。

インタビュー：花園一実

※このインタビューは『同朋』2019年10月号に掲載されました。

大きな変革が必要な時代に鎌倉仏教がもつ可能性

――大澤さんは、『不可能性の時代』(岩波新書)などの著作で、戦後日本の精神史を「理想の時代」、「虚構の時代」、「不可能性の時代」という3段階に分け、現在はもはや理想をもつのが不可能であることが前提となった「不可能性の時代」だと論じておられますね。

ええ。「不可能性の時代」とは、理想が不可能となった時代だとも言えます。人が理想をもって生きるには、いま現実になっていない理想がやがて現実になり得るというリアリティの感覚が必要ですが、そんなふうに理想にリアリティを感じることが難しくなっている。さらに現在はその「不可能性の時代」も越えて、理想が不可能なだけでなく、現実が不可能な時代に向かいつつあるのではないか、と懸念しています。つまり、我々が社会という船に乗っているとして、「理想の時代」にはもっと良い船に乗り換えることができると思っていた。ところが現在は、もっと良い船なんて見つからないと諦めて、今の船のままでいいと思っていたら、その船に穴が開いて沈みかけていることに人々が気づきつつある。そんな状態じゃないかと思うのです。そうなると、これからは社会を根本的に体質改善させるような大きな転換が必要です。そこで親鸞の思想がヒントになるのではないかと考えています。

――そんな大きな転換が求められる時代において、宗教はどういう位置づけになるのでしょう。

もともと私は、社会学において宗教を非常に重視してきました。社会の問題を考えようとする時に、その時代の人々の宗教的な行動やライフスタイルを見ていかないと根本の部分は掴めない。そして、この時代の閉塞状況を乗り切るためには、親鸞の浄土真宗など日本の伝統的な宗教思想を見直すことがポイントになってくると思います。

一般に、社会を変革するとは、伝統から切り離すことだと考えられがちです。しかし、伝統を無視すると社会は変革できないのです。一見、伝統と変革は対極という感じがしますが、言葉だけじゃなく本当に社会を変えていくためには、伝統と結びついていかなければならない。そして日本の伝統を振り返る時、鎌倉仏教が登場した約800年前というのは、とても重要な時代だと思うんですね。日本の歴史に大きな役割を果たした武士の勃興期において、法然、親鸞、道元、日蓮など、独創性を持った宗教者がほとんど同時期に生まれてきた。これは日本の思想の歴史において圧倒的に重要なターニングポイントだと思います。『超越と実存 「無常」をめぐる仏教史』(新潮社)を書いた南直哉《じきさい》さんも指摘しているとおり、鎌倉仏教によって初めてこの国の思想に超越的な視点が導入されたわけですね。その時代にあった思想の可能性が、現代の私たちの社会に対する考え方のヒントになるのではないかと思っています。

伝統の中に眠っている可能性を再発見する

——その可能性を、私たちはどのように探っていけるでしょうか。

伝統の中に眠っている、本人も気づかない可能性というものがあると思うのです。つまり、親鸞なら親鸞の思想の中に、親鸞自身も気がついていない可能性が眠っている。それを眠りから目覚めさせることは、単に知的に解釈するだけではなく、その中に新しいものの見方を発見することであり、そのことによって私たちの社会に対する考え方や、さらには生きる態度までが変わっていくことでもあります。

人間は自分で思っていること、感じていることを完全に自覚できるとは限らない。後から自分がしていたことの意味に気づくこともあって、特に親鸞が面白いと思うのはそこですね。法然に比べると親鸞は迷いだらけで、自分自身でもつかみ切れていない何かがある。その時代には言葉にできなかったけれども、今日の我々から見れば発掘できる鉱脈がたくさんあるように思います。

――以前、批評家の若松英輔さんが、それに通じるような話をされていました。『教《きょう》行信証《ぎょうしんしょう》』は未完の書であるという話です（本書39頁）。親鸞は主著である『教行信証』に晩年まで筆を入れ続け、既に書いた部分すら直し続けていた。そのことを思えば、私たちは親鸞の思想を完成され固定化されたものと捉えてしまうけれど、親鸞の中ではずっと書き直しが続いていたし、その態度に倣うのであれば、時代ごとに新しい読み方が生まれていかなければならないのだと。

『教行信証』は、親鸞自身も迷いながら書いているようなところがありますね。それは常に完成途上にあるもので、現在でも完成していないと見ることは重要です。

師である法然の思想を根本的に読み替えた親鸞

ヴァルター・ベンヤミンという20世紀ドイツの思想家が、割れた皿の譬喩ということを書いています。それは翻訳についての論文に出てくる喩えですが、「解釈」ということにも当てはまります。普通なら親鸞が言わんとしたことを正確に再現することが「解釈」だと考えられるわけですが、ベンヤミン的に言えばそうではない。親鸞の思想を割れた皿の破片に喩えると、われわれはその皿の全体を復元するために、失われた破片を拾い集め、あるいは想像力で補って再構成する。それが解釈することなのだと。そうすると、解釈することによって思想の可能性が増していくわけです。解釈とは、元のテキストに含まれていた思想をただ引き出すだけではなく、私たちがその思想の可能性を新たに発見していくことなんですね。

宗教の歴史での大きな変革は、いつもそういう聖典のようなテキストの再解釈や読み替えを伴います。例えばキリスト教はユダヤ教の聖典である旧約聖書を読み替えることで、ユダヤ教を乗り越えるわけですね。しかし、キリスト教には旧約聖書としてユダヤ教の部分も残されている。法然と親鸞の関係もそうでしょう。法然の思想が完成されたものなら、親鸞が後から何かを付け加える必要はない。また法然を乗り越えようとするなら、法然は否定されなければならない。ところが親鸞の場合は、単に法然の延長線上にいたというわけでもなく、法然を否定したわけでもなかった。法然にだまされてもかまわないとまで言って絶対的に従う姿勢を見せておきながら、法然の思想を根本的に読み替えている。そこが面白いところです。

如来を信じたいのに信じることができない苦しみ

親鸞は阿弥陀如来を信じることの喜びを語りながら、同時に信じることの難しさを語っていますね。例えば『歎異抄《たんにしょう》』では、念仏してもいっこうに歓喜する心が湧いてこないのはなぜだろうという唯円《ゆいえん》の問いに対して、「親鸞もこの不審ありつるに、唯円房おなじこころにてありけり」と、つまり自分も同じような迷いを抱えていると答えます。超越的なものに帰依しきれない。しかし、そこで引きこもってしまうのではなく、その懐疑の中を生きることにポジティブな意味を見出そうとしているのが興味深いところです。

現代の話に戻れば、例えば新海誠監督の『君の名は。』や『天気の子』など、いわゆる「セカイ系」と呼ばれるような現代のアニメ作品を観ると、「世界から呼びかけられ、世界のために何か役割を果たしたいのに、呼びかけが聞こえない」という若い世代の悩みを感じます。そうした現代の困難さと、「如来を信じたいのに、信じることができない」という親鸞の苦悩は完全にパラレルなものだと思います。

――親鸞の場合、救済論よりも実存的な危機意識の方が先にあるような気がします。「信じれば救われる」ではなく「信じることができない私」というところまで問題を突き詰める。そうすると究極的には、疑い深い私の中には阿弥陀仏を信じる根拠など何ひとつなかったのだと。しかし同時に、そういう煩悩の深い自分のために、阿弥陀仏は立ち上がってくださった。こちらは徹底的に背き続けているし、阿弥陀は徹底的に受け入れ続けている。

法然と親鸞を比較すると、法然は全ての人が平等に救われるべきだということに強い思いがあり、称名念仏《しょうみょう》という易行《いぎょう》ひとつをきっぱりと選択しますね。それに対して、親鸞は「如来が信じられない」という個人的な悩みにこだわりぬくわけですが、実はそのことによって法然の思想がもっている限界を突破しているわけです。つまり、法然の思想では完全に普遍的な救済共同体にはならない。なぜなら、まだそこに「信じる」という条件があるからです。弥陀の本願《ほんがん》を疑いなく信じることができる人は救われる。でも親鸞が悩んでいたのは、自分がそれを信じられないということで、そういう人でも救われるのかという問いです。そういう意味で法然以上に徹底した、普遍的共同性に対する問いが親鸞にはあるような気がするんですね。

親鸞はなぜ「化身土巻」にあれほど力を込めたのか

信仰は他者との共同体をつくっていくものですが、どのような共同体であっても、それが普遍的な共同性へ向かうとき、必ず破綻を潜らなければならないのです。ギリギリまで本質を突き詰めた時に生まれる破綻こそが、唯一、真の普遍性へとつながる場所となる。例えば『教行信証』には、仏土を論ずる巻として「真仏土《しんぶつど》巻」と「化身《けしん》土《ど》巻」がありますが、なぜか否定されるべき仏土である化身土を論じた「化身土巻」の方が異様に長いでしょう。

——確かに、「真仏土巻」の方にもっと力を入れた方がいいのではと思ってしまいますね。

しかし『教行信証』は、その化身土の破綻を通じて真仏土にふれるという構造になっているのではないかと思うのです。考えてみれば、人間が実際に営む共同体というのは全て化身土でしょう。親鸞がなぜそんなに化身土にこだわったのかというと、人間の現実の共同体が必ず内側に孕んでしまう矛盾を直感していたからではないでしょうか。そしてその人間がつくる共同性の破綻を通してしか、私たちは真の普遍性にたどり着けないということを教えてくれているのではないか。親鸞思想のそういうところにこそ現代社会の閉塞を突破していく可能性が秘められているのではないかと考えています。

「貧しく小さくされた人々」と共に

本田哲郎
カトリック司祭

撮影：村山康文

本田哲郎 ほんだ てつろう

1942年台湾生まれ。65年、上智大学神学部を卒業し、フランシスコ会に入会する。71年、司祭叙階。72年、上智大学大学院修士課程修了。78年、ローマ教皇庁立聖書研究所卒業。91年より、大阪市西成区の釜ヶ崎にて、日雇い労働者に学びつつ聖書を読み直し、また「釜ヶ崎反失業連絡会」などの活動に取り組む。著書に『イザヤ書を読む』(筑摩書房)、『小さくされた者の側に立つ神』(新世社)、『釜ヶ崎と福音—神は貧しく小さくされた者と共に』『聖書を発見する』(共に岩波書店) などがある。

インタビュー：四衢 亮

※このインタビューは『同朋』2019年8月号に掲載されました。

『歎異抄』の言葉と聖書の思想との近接性

──本田さんは、作家の五木寛之さんとの共著『聖書と歎異抄《たんにしょう》』(東京書籍)の中で、『歎異抄』に記された親鸞の言葉と、聖書が言わんとしていることがとても近いということを繰り返し指摘されていますね。

ええ。ある意味では、『歎異抄』は聖書の要約とさえ言えるのではないかと思っているほどです。例えば『歎異抄』には、いかなる時でも「南無阿弥陀仏」と念仏をとなえさえすれば、その場で仏さまに救いとられるということが書かれていますが、これは『新約聖書』でパウロが語っているキリスト論と非常に近い。いわゆるパウロ書簡のひとつ「コロサイの信徒への手紙」では、すべてのものはキリストと一体であり、キリストに包摂されているからこそ存続しているとまで言い切っているのです。

ところが、教会が伝えるイエスの教えは、聖書の原典が示そうとしている教えとはずいぶん違っています。つまり、教会の考え方だと、人は教会に通って教義を理解し、洗礼をいただいて初めて神の子と位置づけられる。しかし、それは伝承に基づく教会の教えに過ぎません。イエスが聖書を通して告げているのは、たとえその人が教会の会員であろうとなかろうと、無神論者であろうとイスラム教徒であろうと、あるいは新興宗教の信者であろうとも、おぎゃあと生まれた時点で存在そのものがキリストの体の部分になる。そのような言い方をしているのです。

そういう意味では、むしろ『歎異抄』の悪人正機《あくにんしょうき》説の方が聖書に近い。真面目な暮らし方ができなくて、世間からあいつらはとんでもない奴らだと切り捨てられ、見下げられ、仲間外れにされてきたような人たちこそ、仏さまは救おうとしておられる。だから、悪人は善人より優先的に救われるのだ、と。しかも、〝悪人でさえ救われるのだから善人が救われないはずはない〟と言うならわかりやすいでしょうが、親鸞は人の意表を突くように、その正反対を言うわけですね。〝善人でさえ救われるのだから、悪人が救われないわけがない〟と。これは、聖書の中でイエスが「私が来たのは、真っ当な人のためではなく、罪びとのために来た」と語っているのと極めてよく似ています。そうしたことを、『歎異抄』は日本の大和言葉を使ってはっきりと書いてくれている。ですから、私から見るとまるで聖書の要約のように読めるのです。

はらわたを突き動かされるような痛みを共有する

――『聖書と歎異抄』の中で、本田さんは釜ヶ崎(註1)の人々から学んだこととして、「痛みや、苦しみ、さびしさ、怒りを、身をもって経験していなければ、見えるべきものも見えない」と語っておられます。また、『釜ヶ崎と福音』(岩波現代文庫)という本では、イエスは貧しい人たちを助けるために炊き出しを配る側ではなく、炊き出しをもらうために並んでいる人々の側にいるんだということを書いておられますね。つまりイエスは、本田さんがよく使われる表現で言うと〝貧しく小さくされた人々(註2)〟の側にいた人であったと。

ええ。そもそもイエスは、誰が父親かわからない状態で生まれたわけですね。つまり、姦淫が重罪だった当時のユダヤ教の律法から言うと、罪の結果として生まれている。そして、そういう罪を背負った人は差別され、畑の作物が汚れるという理由で忌避されて、一般のユダヤ人のようにぶどう園や麦畑などで働くことができなかったのです。「マタイによる福音書」に、ぶどう園で働く労働者のたとえが出てきます。ぶどう園の主人が、労働者を雇うために村の広場に行くと、夕方の5時になっても仕事にあぶれて立ちんぼうをしている人たちがいるんですね。そこで主人が「なぜ、何もしないで一日中ここに立っているのか」と尋ねると、「誰も雇ってくれないのです」と答えたと。

――まるで日雇い労働者のようですね。

ええ。この話はおそらく、イエス自身が受けた差別の体験と関係しているのではないかと多くの聖書学者が解釈しています。

聖書に書かれた、貧しい人や病人に対するイエスの行動の動機は「スプランクニゾマイ」という言葉で表されます。これは「内臓」を表すギリシャ語を動詞化した言葉です。つまり、はらわたを突き動かされるような痛みの共有がイエスの行動の動機なのです。

では、親鸞や法然は貧しい民衆にどんなはたらきかけをしたのか。私はよく知らないのですが、おそらく貧しい人々や、とりわけ悪人呼ばわりされているような人々の胸に響くようなふるまいをしたのではないかと思うのです。

――親鸞が、そういう人たちとどう関わっていたか、あまりよくわかっていません。越後から関東に移り住んで民衆に教えを説いた時期の記録はほとんど残っておらず、わかっているのは60歳を過ぎた頃に京都へ戻り、亡くなるまでに数多くの著作を書いたということだけです。そこで、私たちが思い描く親鸞像というのは、書斎にこもって沈思黙考する思索の人というイメージになりがちなのですが、もしそんな人であったとしたら、関東の名もなき人たちがあんなにたくさん彼を慕って集まってきただろうか、と思うんですね。

（註1）釜ヶ崎…大阪市西成区にある、日雇い労働者が集中して居住する地区。「釜ヶ崎」は通称であり、行政では「あいりん地区」と呼ばれる。

（註2）貧しく小さくされた人々…通常、聖書の日本語訳で「貧しい人々」「小さい人々」等と訳されている言葉について、それが周囲から抑圧され差別された人々であることを示すために本田氏が用いる訳語。

いちばん小さくされた人々を通して神ははたらく

――親鸞は、念仏の教えに集まってくる人々のことを「同行《どうぎょう》」と呼び、また、あらゆる人々のことを「同朋《どうぼう》」と表わしましたが、いちばん端的に言った言葉は「われら」です。例えば『唯信鈔文意《ゆいしんしょうもんい》』という著作には、「いし・かわら・つぶてのごとくなるわれら」という言葉を書きつけています。

互いに社会の底辺を知り尽くした仲間ということでしょうね。

――はい。その中で「われら」と言われているのは、「屠沽《とこ》の下類《げるい》」と呼ばれて差別され、仏教では救われない者とされていた人々です。そして、阿弥陀如来の本願《ほんがん》の教えはその「いし・かわら・つぶて」を黄金に変えるのだと書き、その著作を関東に送っています。つまり、そうした言葉に響き合う人々が関東にいたということでしょう。

まさにその「われら」という言葉を身をもって生きていたのでしょうね。キリスト教では、本来は見えない存在である神が、イエスという人間となってこの地上を歩んだ。その人間同士の関わりを通して神がはたらくというのが聖書の教えです。しかし、その人間とは誰のことか。教会では、宗教者を通して人々に救済がもたらされるかのように教えられたけれども、釜ヶ崎の人々と出会ってからそうは思えなくなりました。そこで、聖書を一から読み直してみると、そこには「神のはたらきはいちばん小さくされた者たちを通して」とはっきり書いてあるのです。

――そう言えば、本田さんが大学院を出られた時の修士論文が「フランシスコと親鸞」というタイトルだったとお聞きしました。フランシスコと言えば、鳥と話をしたという伝説のあるキリスト教の有名な聖人ですが、親鸞と共通点があるのでしょうか。

ええ。どちらも12世紀から13世紀にかけてほぼ同時代に生きた人ですが、同じような発想や行動が見られるんですね。例えば、その時代はキリスト教の聖地エルサレムをイスラム教徒から奪還しようと、十字軍が何度も遠征を試みた時代です。しかしフランシスコは、これがキリストが望んだ宣教スタイルだと言って、当時はサラセン人と呼ばれていたイスラム教徒の土地へ行き、何かを教えたり改宗させたりするのではなく、一緒に住まわせてもらうのです。そして、たとえ教皇に命令されても、「それは聖書の言葉に反するからできません」と意見を述べるような人でした。権力や権威におもねらず、当時の常識に反することでも堂々と主張するようなところが親鸞と近いのではないかと思います。

「他力」の教えが本当に意味することとは

ところで、五木さんと対談した時に、〝浄土真宗はすべてを仏さまのはたらきに委ねる他力本願の教えですが、キリスト教はどうなのですか〟と訊かれたのです。そういうことはあまり考えたことがなかったので、すぐには答えが見つからなかったのですが、後になってこう考えました。キリスト教は他力をあてにした自力本願ではないか、と。つまり、最終的には神の力がはたらいてくれることを信頼して、自分から歩みを起こすというのがキリスト教ではないかと考えたのですが、どう思われますか。

——親鸞が言う他力とはどういうものか。人間が自分の愚かさを知る智慧は、人間の中からは出てこないのです。だから、仏さまの智慧によって初めて人間の問題が明らかになる。仏さまの鏡に映されて、初めて自分自身を知るのです。そういうことを、親鸞は他力という言葉で表現しているのだと思います。そして、自分の問題に気づいた後で、ではどう生きるのかということについては、自力とか他力という範疇で考えていないように思います。ところが、しばしば勘違いされるのは、何が起きてもすべては仏さまのお与えなのだから、差別をされても、戦争に駆り出されても、仏さまにお任せして受け入れていくのが他力的な生き方だという考え方です。例えば、明治時代に足尾銅山鉱毒事件の被害を訴え続けた田中正造に対して、鉱毒事件も結局は心の問題であり、心を無にして受け入れればよいのだといった批判をした人も真宗の教団内にいました。しかし、親鸞は決してそんな意味で他力という言葉を使っていないと思います。

それと同じようなことは、日本のキリスト教会でも起きました。例えば終戦後の長崎で、原爆投下の被害も神の摂理として受け止めようと言われたカトリックの有名な信者もおられたのです。ですから、そういう過ちがあったことをきちんと認め、真実を求める姿勢を親鸞や聖書の教えから学びながら、厳しく自分を戒めていくことが私たちの務めではないかという気がします。

近代仏教研究の視点から

碧海寿広
武蔵野大学教授

撮影：岡本 淑

碧海寿広 おおみ としひろ

1981年東京生まれ。慶應義塾大学経済学部卒業。同大学大学院社会学研究科博士課程単位取得退学。博士（社会学）。龍谷大学アジア仏教文化研究センター博士研究員などを経て、現在は武蔵野大学文学部教授。専門は宗教学、近代仏教。著書に『近代仏教のなかの真宗―近角常観と求道者たち』（法藏館）、『入門 近代仏教思想』（ちくま新書）、『考える親鸞―「私は間違っている」から始まる思想』（新潮選書）、『清沢満之と近代日本』（共著・法藏館）などがある。

インタビュー：花園一実

※このインタビューは『同朋』2020年1月号に掲載されました。

仏教の近代化に真宗が積極的だった理由

――碧海さんは、日本の近代仏教の研究者としてたいへん活躍されていますが、まずその「近代仏教」という枠組み自体が、一般的にはまだ馴染みが薄いのではないかと思いますので、少しご説明いただけますでしょうか。

まず近代以前の江戸時代では、いわゆる「寺請《てらうけ》制度」により日本人全員がどこかしらの寺に所属させられるようになり、寺や僧侶がとても身近になりました。これは日本の歴史上、人々が仏教に最も接近した時代です。しかし、それが明治以降になると大きく変わります。明治以降は、国家の中心に天皇を置く形で日本の国づくりが進められていきます。それ以前は、神社とお寺はわりと近くで共存していたのですが、天皇と神道を中心とする国家をつくる過程で、神仏分離、廃仏毀釈《はいぶつきしゃく》という形で仏教が排斥されていくのです。僧侶は還俗《げんぞく》させられ、仏教の教えが尊重されなくなっていく。それが明治の初頭でした。

そうした動きに反発し、仏教を近代的な形で盛り上げていこうという流れが起こります。それが仏教の近代化です。これは様々な方向から起こってきます。例えば、僧侶も寺に引きこもっていないで社会に貢献しようという流れや、明治以降に輸入された西洋哲学や科学を学び、それを応用する形で仏教を思想的につくり直そうという動きもありました。さらに、近代的な知性を身につけた僧侶を養成するために、後の大谷大学や龍谷大学などにつながる仏教系の大学が誕生していきます。

一方で、近代社会に適応するという方向性から、仏教界が積極的に戦争に協力していくということも起きます。僧侶たちが戦争遂行の意義を説いたり、お国のために死ねば浄土に往生できると説いて人々を戦場へ赴かせるなど、負の近代化と言えるような出来事もありました。

――そうした仏教の近代化について、数ある宗派の中で、とりわけ浄土真宗が積極的に取り組んだのはなぜでしょうか。

まず真宗は、江戸時代の時点で寺院数や門徒数など数量的に他宗より優位に立っていました。そして、神仏習合の度合いが高かった他の宗派に比べて、浄土真宗は神と仏を最初から明確に分けていたため、神仏分離によるダメージも比較的少なくてすんだわけです。さらに、社会の近代化に伴って進んだ僧侶の俗人化という流れにも、真宗の僧侶はもともと肉食妻帯を容認していたために難なく適応できました。その上、加持祈祷など呪術的な側面を強くもつ他の宗派が西洋科学と矛盾しがちであるのに比して、浄土真宗では科学との棲み分けがきれいにできた。そういう意味で、真宗にとって有利な条件がたくさんあったわけですね。

近代化に大きな役割を果たした清沢満之と近角常観

——仏教の近代化という流れの中で、真宗大谷派においては清沢満之《きよざわまんし》という人物の功績が大きかったと評価されています。

清沢満之は、仏教近代化における思想的な面での代表人物だと言えると思います。しかし、実は明治時代においては、彼の評価について賛否両論がありました。西洋哲学の言葉を多く用い、死後の往生などについては語らない。さらに、「ミニマル・ポシブル」の実験と称して極端な禁欲生活を試みるなど、少し変わっていたと言うか、あまり真宗の僧侶らしくないのです。信念としては真宗であり他力であるということを言いますが、ストレートに真宗僧侶とは言いづらい複雑さ、多面性を持っていた。だからこそ毀誉褒貶《きよほうへん》も激しかったわけですが、しかしそこが彼の面白いところでもあったと思います。

――もう一人、碧海さんは近代の大谷派の重要人物である近角常観《ちかずみじょうかん》という人物について、これまで専門的に研究されてきました。この方も、やはり宗門の近代化の中で重要な役割を担っていたわけですね。

今話した清沢満之と対比すると、近角常観の方が、近代の真宗僧侶のモデルとしてわかりやすいかもしれません。近角は清沢より少し歳下で、1870年に滋賀県の寺に生まれます。跡取りでしたが非常に優秀だったので、清沢と同じく東京に出て帝国大学（現在の東京大学）に通い、西洋哲学を勉強します。また海外留学で3年ほど欧米を視察し、西洋の社会や宗教、特にキリスト教の現状などを学びます。その経験を踏まえた上で、東京の本郷に学生寮かつ布教所の「求道学舎」を立ち上げ、そこに帝大の学生たちが多く集うようになりました。

清沢との大きな違いは、インテリ層だけでなく、一般の門徒にも支持されたということです。近角は理知的な部分だけでなく、宗教的な包容力も持っていました。清沢と違って寺院の出身でもありますし、清沢が口にしない伝統的な聖教《しょうぎょう》の言葉も積極的に取り上げます。清沢は話が哲学的で難しく、地方のお寺ではあまり人気がなかったそうですが、近角が行くと非常に喜ばれたということでした。

近角が求道学舎の近くに建てた「求道会館」の保存修理工事が90年代後半から行われた時に、近角宛ての手紙など膨大な資料が出てきました。それを調べると、彼の交友関係の幅広さがわかります。学者や政治家や財界人のほか、宮沢賢治の妹・トシも近角の話を聞きに通っていたことがわかりました。こうした近角の影響力は、近代真宗の歴史の中でも見過ごせない重要性があると思います。

近代の若者や知識人はなぜ『歎異抄』に惹かれたか

——近角は、思想的にはどのような特徴があったのでしょうか。

伝統と、個人の宗教体験を重視したことが挙げられます。近角は親鸞以来の教えの伝統が、脈々と自分まで受け継がれてきたことへの崇敬《すうけい》の念が非常に強いのですが、その教えを自分の信仰体験を通して実感し、またその体験を人に伝えていくのです。仏教や真宗の教えについて、いくら経典や聖教を読んで理解した気になっても、自分自身が本当に救われる体験をしないとわかったことにならない。基本的にそうした考え方でした。

この体験性の重視ということが、当時の若者たちに支持されたのだと思います。近角のもとへ尋ねてくる人は、知的な欲求だけではなく、自分の体験を相談し、癒され、救われたいという思いを抱いていたことが見て取れます。そうした理知的だけではない一面が、当時の都会で悩んでいた若者たちにも求められていたのだと思います。

——これまで近代仏教の研究をされてきた視点から、碧海さんは親鸞思想の可能性についてどのように感じておられますか。

面白いことには、親鸞を必要とした近代の知識人には、社会のメインストリームから外れているような人が多いのです。先ほどの近角常観にしても、『出家とその弟子』を書いた倉田百三《ひゃくぞう》にしても、人生の中で大きな挫折を経て『歎異抄《たんにしょう》』に出会っています。

『歎異抄』が構造的に面白いのは、弟子である唯円《ゆいえん》の聞き書きですから、あれを読むと親鸞の弟子の立場に立てるのです。聞いた人の立場になって読める。これは『教行信証《きょうぎょうしんしょう》』などにはない読書体験です。倉田の『出家とその弟子』も、悩める唯円や善鸞《ぜんらん》の立場から話が進んでいきますが、そうしたところが近代の読書文化の中でも響いていったのではないでしょうか。親鸞その人ではなく、親鸞から教えを聞いた人の立場に自己を投影していく。実はそういう仏教書はそれほど多くないのです。

近代社会の到来に伴う動揺や矛盾の中で、自分の悩みを先生に尋ねるようにして『歎異抄』を開く。そうやって人々に読まれてきたのではないでしょうか。

現代社会の風潮に対峙する親鸞思想の重要性

――『歎異抄』は、現代人にとってもやはり重要だと思うのです。今の時代は、価値ある人間とそうでない人間が峻別され、弱者は切り捨てられていく風潮が強い。そうした社会の価値観の中で、不安や息苦しさを感じている人も多いわけですが、そのことを誰かに相談することも難しい世の中ですね。だからこそ、例えば『歎異抄』第9章で、親鸞が唯円に言った「親鸞もこの不審ありつるに、唯円房おなじこころにてありけり」という言葉、つまり〝私もあなたと同じ悩みを持っているんだ〟という視点はすごく重要だと思います。阿弥陀は価値あるものだけを救うのではない。煩悩が深く、世に受け入れられないような存在をこそ、受け入れたいと願っている。こういう世界があることを提示することは、現代においてますます重要ですね。

そうした親鸞の人間観を、現代的にもう一度捉え返す必要があると思います。人間は何者かになって成功しなければいけないという価値観は、近代以降に顕著になったものですが、現代ではそれがどんどん露骨になってしまっています。上ばかりを目指す上昇志向が強くなり、社会にとってメリットのない人はどんどん切り捨てられていく。世界的にそうした傾向があります。

しかし、それが果たして人間の生き方として幸福なのか。そう私たちが問い返す時に、日本に親鸞の伝統があったということは大きいと思います。親鸞の思想は、いい意味で私たちを下方に引き戻してくれるのです。人間には限界がある。だからこそ頼るべき力があるのだと。それは今の社会の常識に逆行しているのですが、だからこそ価値があるとも言えるのではないでしょうか。近代以降、仏教の影響力はマイナーになっていきましたが、その中で親鸞は例外的に強く支持され続けた。それは、やはり近代という時代の中で必要とされていたからですし、それは現代でも通じるはずだと思っています。

『教行信証』が私たちに投げかけるもの

阿満利麿
明治学院大学名誉教授

撮影：岡本 淑

阿満利麿　あまとしまろ

1939年生まれ。京都大学教育学部卒業後、NHK入局。社会教養部チーフ・ディレクターを経て、明治学院大学国際学部教授。現在は同大学名誉教授、連続無窮の会同人。専門は日本精神史。特に日本人にとっての宗教の意味を探究している。主な著書に『日本精神史』『『教行信証』入門』(共に筑摩書房)、『日本人はなぜ無宗教なのか』『無宗教からの『歎異抄』読解』『親鸞』『法然入門』（以上、ちくま新書)、『宗教は国家を超えられるか』『法然の衝撃』『行動する仏教』『歎異抄』『無量寿経』（以上、ちくま学芸文庫)、『法然を読む』（角川ソフィア文庫）などがある。

インタビュー：四衢 亮

※このインタビューは『同朋』2020年2月号に掲載されました。

仏道を生きようとする人にとって大切な書、『教行信証』

――阿満先生が2019年に出版された『『教行信証《きょうぎょうしんしょう》』入門』(筑摩書房)を読ませていただきました。そこでまずお聞きしたいのですが、親鸞が主著である『教行信証』を書き遺したことの意味を、現代の私たちはどう捉えればよいとお考えでしょうか。

親鸞の師の法然は、本願《ほんがん》念仏の教えを説く時に「ただ一向に念仏せよ」としか言わなかったですね。おそらく法然は、「あまり難しいことは言うな。難しいことを言うと、一向に念仏することができなくなる」と考えていたのでしょう。しかし人間は愚かなもので、やはり「なぜ念仏で救われるのか」ということに納得したいという気持ちが生じてくる。その気持ちを正面から受け止めたのが親鸞です。なぜ本願念仏で救われるのかを理屈の上でもはっきりさせたいという思いで書かれたのが『教行信証』だというのが、私の基本的な考えです。

――この本の「はじめに」では、親鸞は法然の本願念仏の教えを引き継いだ上で、「なぜ(仏の名を口でとなえる)称名《しょうみょう》念仏でなければならないのか」を、論理を尽くして明らかにしようとしたと書かれていますね。

ええ。ただしそこで言う論理というのは、あくまでも「他力の論理」なんですね。つまり、例えば三木清のように親鸞に惹かれ、その思想を論じた近代の知識人は多いですが、彼らの論理は哲学の論理でしょう。哲学の論理と仏教の論理とは、言葉は同じでも違いがある。仏教の場合は、何とかして自分が救われたい、自分が抱える不条理な問題を解決したいという切実な欲求があるじゃないですか。それに対して哲学の場合は、西洋哲学の論理に対抗できるような東洋の思想を打ちたてたいといった知的な動機が強い。そこに自ずと違いがでるんじゃないでしょうか。

——その点、阿満先生のご本は、『教行信証』が仏教を知識として知ろうとするのではなく、仏道を生きようとする人にとって大事な本だということを指摘してくださっているように思います。近代の知識人の読み方は、理性的判断が前提となっていて、その理性そのものが問われることはありません。現代の私たちが『教行信証』を読もうとすると、どうしてもそうした頭で読んでしまう。それに対して、「他力」に立って読むことの大切さを強調してくださっているように思います。

学生時代に哲学者の武内義範《よしのり》先生と親しくさせていただき、有名な『教行信証の哲学』（新装版・法藏館）を学ばせていただきましたが、あれはやはり、親鸞の「三願《さんがん》転入《てんにゅう》」とヘーゲルの弁証法とを比較するといった、哲学的思惟の対象として『教行信証』を扱った本です。それでは、例えば「三願転入」を問題とせざるを得ないような、人間の切実な気持ちが希薄になってしまうんですね。

称名は私たちの無意識になだれこみ「種」となってはたらく

——第二章「法然から親鸞へ」という章には、「一願主義から二願主義へ」という副題が添えられていますね。

法然が第十八願だけを専修《せんじゅ》念仏の根拠とした「一願主義」だったのに対し、親鸞は第十八願とは別に、念仏の根拠を第十七願に求めた「二願主義」だったと。このことは、真宗大谷派の学僧であった曽我量深《りょうじん》先生が繰り返し指摘されていたことです。

なぜ親鸞は第十八願だけでは足りないと考えたのか。それはやはり法然の専修念仏の教えを伝えるために、なぜ念仏ひとつで救われるのかと人に向けて説こうとした時、どうしても「念仏とは何か」ということを改めて問わざるを得なくなってくる。そこで親鸞は、念仏の根拠が説かれているのは第十七願であって、第十八願にはまた別のことが説かれていると考えたのだと思います。

——第十七願とは、「諸仏称名《しょぶつしょうみょう》の願」とも呼ばれるように、十方世界のすべての諸仏が私の名を褒め称《たた》えるのでなければ、私は仏になりませんという誓願ですね。そこから、称名念仏というのは私たち人間が工夫したものではなく、阿弥陀仏のはたらきを讃えて諸仏がその名をとなえるのを聞いて、いわば人間はそれを真似しているのだと。そして、その称名念仏によって私たちの心の中に信心が届いてくるのだ、と。

そこで大切なのは、親鸞が「行巻」で引いている元照律師《がんじょうりっし》の文章です。元照とは、中国宋代で活躍した律宗の祖師ですが、中でも私が重要だと思うのが、「いわんや我が弥陀は名《みな》を以て物を接したまう」から始まる『阿弥陀経義疏《あみだきょうぎしょ》』からの引文です。つまり、そこには「阿弥陀仏は名前になって私たちを救う」ということがはっきり書いてあるんですね。そして、私たちが阿弥陀仏の名前を聞くか、あるいは口に出してとなえれば、「無辺の聖徳《しょうとく》、識心《しきしん》に攬入《らんにゅう》す」、つまり阿弥陀の限りない聖徳が私たちの無意識の世界になだれこんできて、それが「種」（仏種）になってくださり、重罪から解き放たれて無上菩提《むじょうぼだい》（さとり）を得ることができる、と書かれているのです。

つまり、信心というのは、阿弥陀の名前をとなえることによって私の心に届いてくる「信《まこと》の心」なのであって、我々の心が起こす信心とは全く関係がないものだということです。こうした元照律師の引文が重要だということは、龍谷大学におられた石田充之《みつゆき》先生がよくおっしゃっていましたが、これまでの教学ではあまり取り上げてこなかったですね。しかし、称名念仏とは何かということについて、私がいちばん納得したのはこの言葉です。

——私も「行巻」に元照律師のこの言葉が引かれていたことを、今回この本で初めて気づかせていただきました。

「至心」「信楽」は往相、「欲生」は還相に関わる

――そのことに関係してくるのですが、『教行信証』の「信巻」で、第十八願に出てくる「至心《ししん》」「信楽《しんぎょう》」「欲生《よくしょう》」という「三心《さんしん》」について、親鸞がいわゆる〝三心釈〟で書いていますね。そこで、まず「至心」について、親鸞はそれが名号《みょうごう》になっていることを押さえたあと、「真実誠種《じょうしゅ》の心《しん》」と解釈しています。つまり、名号が「種」になって私たちの心に阿弥陀の真実心が植えつけられるということなのでしょうが、ここにも「種」という字が使われていると思って。

そうなんですよ。親鸞は「字訓釈《じくんしゃく》」という伝統的な解釈を繰り返す中で、ちゃんと大切な字を拾っているんですね。

――次に、「信楽」については「真実誠満《じょうまん》の心」と解釈しています。つまり、私たちが「南無阿弥陀仏」ととなえると、となえる人の心に阿弥陀仏の心、真実の心、信心が満ちてくるということですね。その後、阿満先生はもうひとつ重要な論点として、その「至心」「信楽」と「欲生」の間にははっきりとした区別があるということを書いておられます。

そのことも、曽我先生が何度も強調されていたことです。「至心」「信楽」と「欲生」との間にある区別とは、要するに往相回向《おうそうえこう》と還相《げんそう》回向との違いということでしょう。

親鸞の解釈によれば、「欲生」とはひとつには「願楽覚知《がんぎょうかくち》の心」、つまり浄土往生を明確に願うということです。さらに「成作為興《じょうさいこう》の心」、つまり浄土に生まれて仏になり、一切衆生《いっさいしゅじょう》のために慈悲を興すということです。さらにそれに続けて、「欲生」とは「大悲《だいひ》回向の心」だと総括しています。

「回向」とは一般的には、自分が成就した徳や善行を他人の成仏のために差し回すことを意味しますが、親鸞において「回向」とは阿弥陀仏だけが実践できる行為です。つまり私たち人間には他人に「回向」できるような徳や善行などありはしないのです。よく知られているとおり、『教行信証』「教巻」の冒頭には「謹んで浄土真宗を案ずるに、二種の回向あり。一つには往相、二つには還相なり」と書かれています。「往相」とは凡夫《ぼんぶ》が浄土に生まれるための道を歩むこと、「還相」とは、浄土に生まれた凡夫が菩薩となって再び現世に戻り、人々を仏道に招き入れる道を歩むことです。そして大切なのは、「往相」も「還相」も阿弥陀仏の回向によって成立する活動であって、凡夫が自力によって為す活動ではないということです。ただもうひとつ大切なのは、先に話したように、称名念仏という如来から与えられた行為を通して、阿弥陀仏の真実心が人間の無意識に蓄えられるわけですから、浄土に往生した者はいつの日か仏の活動である慈悲行を実践するようになる、ということです。

往相回向はすでに還相回向に支えられている

――もともと称名念仏は、他者を仏の道へ誘うというはたらきを含んでいると。そのことを気づかせようとしてこなかった既成教団の責任は重いと先生は書いておられます。

なぜ親鸞は、還相回向にこだわったのか。それはやはり、仏教は自分一人が救われればそれでよいという宗教じゃないからでしょう。仏教はあらゆるものが関係性の中で存在しているという世界観に立つ宗教です。そうである限り、己《おのれ》ひとりの救済などはありえないですから、必ず他者との関わりに戻っていくわけです。浄土門の仏教はもともとそういう要素を含んで成立しているということを、親鸞は強調していたように思います。

――考えてみれば、私たちは誰もが善知識と出会うことで浄土へと歩みはじめるわけですから、私に開く往相回向はすでにどなたかの還相回向のはたらきに支えられているわけですね。例えば親鸞は、法然こそが自分にとっての還相の菩薩の具体的な姿だと見ていたと思います。

そのとおりですね。この年になってつくづく思うのは、今生《こんじょう》における私の一生は、念仏と出会うための人生だったということです。そして私に念仏のご縁をくださった先生方は、法然院の橋本峰雄《みねお》先生であれ、大谷大学の廣瀬杲《ひろせたかし》先生であれ、みんな私にとって還相の菩薩です。もちろん、ご本人はそんなこと思っておられなかったでしょう。ですが、そういう方々を抜きにして還相の菩薩なんて他におられるわけがないじゃないですか。

現代の思想として親鸞を読み解く

守中高明

早稲田大学法学学術院教授

守中高明 もりなか たかあき

1960年東京生まれ。詩人。早稲田大学法学学術院教授。浄土宗・専念寺住職。著書に『脱構築』『法』『ジャック・デリダと精神分析』（以上、岩波書店）、『終わりなきパッション』（未來社）、『他力の哲学』『浄土の哲学』（共に河出書房新社）など、詩集に『守中高明詩集』（思潮社、現代詩文庫）、翻訳にデリダ『たった一つの、私のものではない言葉』（岩波書店）、ドゥルーズ＆ガタリ『千のプラトー』（共訳、河出文庫）などがある。

インタビュー：編集部

※このインタビューは『同朋』2020年6月号に掲載されました。

人間存在の根源的受動性に心の底から気づいた経験

——詩人であり、フランス現代思想の専門家としても知られる守中さんが、法然や親鸞、一遍といった日本の仏教者の思想を論じた『他力の哲学』(河出書房新社)という本を2019年に出されたことは、仏教界でも話題になりました。その本のあとがきに「本書は、私の廻心《えしん》の記録である」と書かれていますが、守中さんにとってその「廻心」とはどんな出来事だったのでしょう。

親鸞は、「「回心《えしん》」というは、自力の心をひるがえし、すつるをいうなり」と『唯信《ゆいしん》鈔文意《しょうもんい》』に書いていますね。私が経験した「廻心」とは、その言葉のままに、意識や理性の制御による自律的主体という幻想から目覚め、人間存在の根源的受動性に気づいた。それも、心の底から気づいたということです。

人間は誰ひとり、自分の意志で生まれてきはしません。私の命は、その始めからして与えられたものであり、しかもその起源における贈与は全く無償のものです。そして私がこの世界に生きてあるということは、無数の関係の網の目が交差するひとつの点に過ぎないという、当たり前だが忘れがちな事実を深く得心《とくしん》したということだったと、今思います。

ただし、これは例えば近代的理性を批判的に分析するといったこととは異なります。私の廻心は、いわばその種の分析の手前における、はるかにエモーショナルな経験でした。

――具体的にどんな経験をされたかは本で読んでいただくとして、その経験は決して個人的なものに留まるのではなく、「今日の私たちにとって普遍的な意味をもつと信ずる」と書いておられることに注目したいと思います。

親鸞の「三心」解釈が開く絶対的に無条件の救済

――この本の第Ⅰ部では、法然と親鸞の関係について、どこが同じでどこが違っているかを慎重に読み解いておられます。その中でも特に、親鸞が『教行信証』において展開した「三心《さんじん》」の解釈について詳しく論じておられますね。

法然は、称名《しょうみょう》念仏という易行《いぎょう》による救いにも最低限度の条件があると考えました。すなわち、「至誠心《しじょうしん》」「深心《じんしん》」「回向発願心《えこうほつがんしん》」という『仏説観無量寿経《ぶっせつかんむりょうじゅきょう》』に記されたいわゆる「三心」を具えることが念仏行者のあるべき心構えであると。そして、そのうちのひとつでも欠ければ往生はかなわないというのが法然の基本的な立場でした。ところが法然は、やがて自ら付したこの条件を曖昧にし、「念仏ヲダニモ申セバ、三心ハ具足スルナリ」と述べて、事実上無条件化してしまいます。

親鸞は、この往生の無条件化をさらに徹底したわけです。すなわち、「至誠心」「深心」「回向発願心」という「三心」が、『仏説無量寿経』の十八願に説かれる「至心《ししん》」「信楽《しんぎょう》」「欲生《よくしょう》（我国《がこく》）」と同一であると解釈した上で、この3つの全てを阿弥陀仏が衆生《しゅじょう》に回施《えせ》したまうものだと言うわけです。つまり、もともとは念仏往生の条件であった三心さえも、行者が自ら具えるのではなくて、阿弥陀仏から与えられるのだとするわけですね。親鸞は、「信心のさだまるとき、往生またさだまるなり」（『末燈鈔《まっとうしょう》』）という命題に集約される、いわゆる「信心正因《しんじんしょういん》」の立場をとったわけですが、それと同時に、その唯一の条件である信心そのものでさえ、阿弥陀仏の施し以外の何ものでもないと断言しました。親鸞の言葉を引用すれば、「如来、苦悩の群生海《ぐんじょうかい》を悲憐《ひれん》して、無碍《むげ》広大の浄信をもって諸有海《しょうかい》に回施《えせ》したまえり。これを「利他《りた》真実の信心」と名づく」（『教行信証』信巻）というわけです。

さらに「行《ぎょう》」についても、親鸞は次のように述べます。「「発願回向《ほつがんえこう》」と言うは、如来すでに発願して、衆生の行を回施したまうの心なり」（『同』行巻）。これはまさにラディカルとしか形容できない宗教的な信と行との大転換です。「わが名を呼べ、帰依《きえ》せよ」と命ずると同時に、その帰依の心《こころ》と行そのものを与えるのが親鸞の考える如来の大悲《だいひ》です。つまりここにあるのは、いわゆる自力対他力という二項対立を完全に滅却《めっきゃく》する絶対的他力の概念形成です。まさに「行者のはからい」にすぎない自力を全て無化するがゆえに、絶対的に無条件の救済がここに約束されているわけです。

普遍的包摂と絶対平等の地平の構築

――法然と親鸞の違いと言えば、

親鸞が「謹《つつし》んで浄土真宗を案ずるに、二種の回向あり。一つには往相《おうそう》、二つには還相《げんそう》なり」（『同』教巻）として、「還相回向」という概念を重視したことが知られています。守中さんはこのことがもつ現代的な意義を強調しておられます。

はい。親鸞が還相回向という概念の力をどのような方向性で展開したか、そのことを私たちは今日の視点でどう受け止めるべきか。私は「普遍的包摂と絶対平等の地平の構築」という言葉でこの問いをまとめられるのではないかと考えています。

例えば私たちは今日、「平等」という概念をいったいどのように捉えているでしょうか。それは、人間存在の単独性を、所与《しょよ》の一般性を互いに分けもつ単なる「特殊性」に置き換えることに存しています。つまり、Aさん、Bさん、Cさん…という互いに絶対的に異なる存在を共通の分母Xによって共約《きょうやく》することにより、X1、X2、X3…という抽象的な主体間の形式的平等に還元してしまうのです。それが、現代の民主主義が前提とする平等概念です。

しかし、すぐに気づかれるように、この共通の分母Xによる共約という操作は、しばしば暴力的に働きます。その共約する作用を受け入れ、自らを主体化することが市民であることの条件になってしまい、そうしない限り権利も自由も保障されないということが起こりえます。つまり、「主体ならざるもの人間にあらず」という隠れた政治力学がここには潜んでいるのではないでしょうか。

――そう言えば、「主体化」という言葉には「臣民化《しんみんか》」という意味もあると聞きますね。

おっしゃるとおりです。その分母Xに「新自由主義イデオロギー」が代入されたとしたらどうでしょう。それこそがまさに、この20年間私たちが目の当たりにしてきた格差容認、弱者切り捨てという自己責任論が生み出した現実ではなかったでしょうか。それに対して親鸞が語る阿弥陀仏の大慈悲は、この種の政治力学を無効化し、形式的平等の欺瞞性を暴くものです。阿弥陀仏の大慈悲という力は、私たちの一人ひとりを本来の単独性に帰し、その単独性を絶対的に肯定するものです。その点で決定的に重要なのが、『歎異抄《たんにしょう》』における次の名高いくだりです。

弥陀の五劫思惟《ごこうしゆい》の願《がん》をよくよく案ずれば、ひとえに親鸞一人《いちにん》がためなりけり。

罪業《ざいごう》深き衆生の一人ひとりを、その単独性において認知しながら、そのまま救済する力。それこそが、本願が開く真の平等性の地平であり、普遍的包摂の地平であると私は考えています。

称名念仏とは解放の教えである

――そこで守中さんは、フランスの思想家ドゥルーズ&ガタリによる「生成変化」という概念を援用し、親鸞の実践の特色を〝マイノリティへの生成変化〟という言葉で表現されています。

親鸞の教えが同時代のマイノリティへと強く方向づけられたものであったことは、「りょうし・あき人、さまざまのものは、みな、いし・かわら・つぶてのごとくなるわれらなり」という『唯信鈔文意』の有名な一節からも伺えます。つまり親鸞は、当時「屠沽《とこ》の下類《げるい》」と言われた猟師(漁師)や商人を典型例にあげ、この人々を「いし・かわら・つぶてのごとくなるわれらなり」とした上で、その「われら」こそが、如来の誓願《せいがん》を信ずれば摂取《せっしゅ》の光の中に収め摂られ、「こがね」と化すのだと告げています。

つまり、衆生こそが黄金へと生成変化するということです。そして、阿弥陀仏の本願《ほんがん》による救済にとってはいかなる修行も戒律も、そしていかなる社会的属性もいっさい関与しない。徹底的な利他の教えがここにあるわけです。この教えは、社会的文脈を超えて、今日もなお実効性をもつと私は考えています。

――さらに、そこで重要なのは「みずからと衆生をともに称名《しょうみょう》念仏というプロセスの中に投げ込むこと」だと書かれています。そして守中さんは、現代の言語哲学に由来する「パフォーマティヴ」という概念を使って、「称名念仏」が今日の私たちにとってもつ現代的な意義を解き明かしておられます。

パフォーマティヴ（行為遂行《すいこう》的）とは、コンスタティヴ（事実確認的）との対立において使われる概念です。例えば「私は本を読んでいる」とか「今日は晴天である」といった言葉は事実確認的言表です。それに対して、「約束」とか「宣言」とか「名づけ」といった場面では、言葉は行為遂行的なものになります。例えば「ここに○○会議の開会を宣言します」という言表は、その言葉を発することによって「会議を始める」という行為を実際に遂行しているわけですね。

称名念仏の教えが現代に価値をもつとすれば、まさにそのパフォーマティヴな働きに関わっていると考えます。「南無阿弥陀仏」という言葉を簡略に現代日本語に訳せば「帰依―無限者に」という一句になるでしょう。これは、「私は無限者に帰依しています」という事実を外から確認しているのではなく、「無限者に帰依する」という行為を、発語をとおしてそのつど現実化する運動なのです。つまり、「帰依(南無)」という言葉を発することで、帰依するという行為を実際に行っているわけですね。だから衆生は、称名念仏というプロセスに自らを投げ込むことで、そのつど新しく生まれ変わり、念仏者へと生成変化していくのです。そして、そのことによって念仏者は自らのうちに無限へと開かれたリアルな時間と空間をつくりだし、その開かれた時間と空間において阿弥陀仏の大慈悲という根源的な情動に刺し貫かれます。その時、念仏者は世界にあふれる様々な抑圧やイデオロギー的な拘束から解き放たれた「新しい自己」を見出しているはずです。その意味で、〝称名念仏とは解放の教えである〟。そのように私は考えています。

日本中世の歴史における親鸞

平 雅行

大阪大学名誉教授、
京都先端科学大学名誉教授

撮影：瀧本加奈子

平 雅行 たいら まさゆき

1951 年大阪市生まれ。京都大学文学部史学科卒業。同大学院博士後期課程研究指導認定退学。京都橘女子大学助教授、関西大学助教授、大阪大学教授等を経て、現在は大阪大学名誉教授、京都先端科学大学名誉教授。『日本中世の社会と仏教』（塙書房）、『鎌倉仏教と専修念仏』『親鸞とその時代』『改訂 歴史のなかに見る親鸞』（以上、法藏館）、『法然』（山川出版社）など著書多数。

インタビュー：四衢 亮

※このインタビューは『同朋』2020年5月号に掲載されました。

時代の中で挫折していった親鸞に共感を覚えて

――これまでも、平先生の親鸞に関する歴史学的研究から多くのことを教わってきました。今日はまず、先生が親鸞に興味をもって研究を始めた頃のことをうかがいたいと思います。2011年に出版された『歴史のなかに見る親鸞』(法藏館)のあとがきでは、「晩年の親鸞は思想的に破綻していったと私は考えている」と書かれ、「私は破綻する親鸞に自分が重なって見えた」と述懐されていますね。

私が大学に入学したのは1970年、学園紛争の時代でした。誰しも自分がどんなふうに生きていくかが厳しく問われた時代です。若い頃はマルクス主義など急進的な思想に惹かれながら、途中で挫折して壊れていく人も多かった。私自身も挫折を体験して、かといって新しい何かが見えたわけじゃなく、ただ自分が生きている時代が嫌だという感触だけがあって、その中でどんなふうに生きていけばいいのか悩みました。そんな自分の悩み苦しみを親鸞と重ね合わせながら考えていたんですね。親鸞もやはり、自分の意に染まない時代の中で挫折を味わい、最後には壊れていった人ではなかったか。その壊れていく親鸞に惹かれたのです。闘わない人は壊れない。本当に闘った人だけが壊れるのです。私はその親鸞の挫折に共感を覚えて、そこから親鸞研究に入っていったわけです。

——ある人物の思想や行動を考える上で、背景となった時代・歴史は抜きにできないですね。平先生は、歴史の中に親鸞の生き方に光を当てるというお仕事をずっとされてきました。

私たちは誰でも、自分が生きる時代を選べるわけではありませんから、否応なしに生まれた時代を生きざるを得ないわけですね。その時、時代に順応して生きる道もあるでしょうが、親鸞はやはり苦しい道を選んだのだと思う。そういう生き方への憧れもありました。

——苦しい道を選んだといえば、親鸞は29歳で比叡山を下り、法然がいる吉水《よしみず》に向かったわけですが、それはやはり大きな決断だったのでしょうか。

そうですね。親鸞の出自は延暦寺でそれほど出世できるような高い家柄ではありませんが、それでも中流クラスの僧侶になることはできたでしょう。その道を捨てたというのはかなり大きな決断だと言えます。その背景に何があったかと言うと、大きかったのは平安時代の末期に起きた治承《じしょう》・寿永《じゅえい》の内乱（源平の内乱）だと思います。あの内乱は、日本の歴史上初めて全国を戦火に巻き込んだ大規模な戦争であり、そこには武士だけでなく膨大な数の農民らが動員され、当時の社会に深刻な被害をもたらしました。ところが、それに対して旧仏教はほとんど無力だったんですね。あれだけ大きな戦乱の被害を目の当たりにしながら、旧仏教の僧侶たちは何ら自分の生き方を改めようとしなかった。その姿に絶望し、新しい本物の仏教を求めようとしたことが、親鸞が延暦寺から出奔した背景にあったのではないかと考えています。

「行者宿報偈」は妻帯の許可を与えたものではない

――そうやって本物の仏教を求めようとした親鸞は、京都・六角堂に100日間参《さん》籠《ろう》し、95日目の明け方に夢告《むこく》を得るわけですね。「行者宿報偈《ぎょうじゃしゅくほうげ》」と呼ばれるこの夢告の文は、かつては女性との問題に悩んだ親鸞に妻帯の許可を与えたものと解釈されたわけですが、平先生は別の解釈をされています。

ええ。まずその前提として、あの時代の旧仏教の世界では、僧侶が妻帯するのはごく普通だったということがあります。延暦寺でも僧侶の妻帯は普通のことで、さすがに妻を山上に上げることはしませんが、比叡山の麓に里坊《さとぼう》を置き、そこに妻や家族を住まわせるというのはごく一般的な在り方でした。親鸞は、そういう当時の僧侶とは別の生き方を選択したのです。

平安時代の末頃に覚禅《かくぜん》という密教僧が編纂した『覚禅鈔《かくぜんしょう》』という書物に、「行者宿報偈」とよく似た話が出てきます。「もし修行僧の性欲が強く、邪《よこしま》な思いを抱いて女犯《にょぼん》妻帯しなければならないのなら、私がその人の妻になって最後は極楽へ往生させよう」と如意輪観音《にょいりんかんのん》が美しい女性に変身して誓うという内容です。親鸞はおそらく、その話を事前に知っていたのでしょう。だからこそ、それとよく似た内容の夢告を受けることができた。しかし、親鸞が延暦寺から出奔して法然のもとに向かった原因になったのは、元の話にはなくて、「行者宿報偈」が独自に説いている内容だったはずです。

では、『覚禅鈔』のその話と「行者宿報偈」の内容とはどこが違っているのか。『覚禅鈔』の話では、修行僧が女犯妻帯したくなるのは強い性欲や邪な心が原因とされています。それに対して六角堂の夢告では、それは「宿報《しゅくほう》」、つまりどんな人間も免れることができない過去の悪業《あくごう》の報いによるものとされているのです。その場合、「女犯」という言葉はいわば「悪業」の象徴表現です。そして、どんな人間も業縁によって否応なしに悪を犯してしまう存在であり、だからこそ仏に救われるのだ、という逆説的な思想を親鸞は「行者宿報偈」から読み取ったのではないかと思うのです。

——しかも六角堂の夢告は、「行者宿報偈」で終わっているのではなく、その内容を「一切群生《ぐんじょう》にきかしむべし」と親鸞に命令しているわけですね。

そうです。もしそれが親鸞に妻帯を許可したという言葉だとしたら、それを一般の人々に説き聞かす意味などないでしょう。ただし、その夢告の意味をどう読み解けばよいのか、親鸞はまだ明確に理論化できていなかった。だから、それを明らかにしてくれる師匠を求めて、法然に出会ったのだと思います。

旧仏教の民衆教化に対して法然と親鸞が説いたことの意義

――その法然が開いた浄土宗をはじめ、いわゆる鎌倉新仏教は、かつての歴史学では仏教を民衆に開放するという役割を担ったとされていました。しかし近年の歴史学ではその説は否定され、旧仏教の僧侶たちもすでに民衆に教えを積極的に広めていたという見方に変わってきているようですね。

ええ。現在の歴史学では、親鸞が誕生する100年ほど前、11世紀中ごろの院政時代に中世社会が形成されたと考えられています。その時に、領主が領民から年貢と公事《くじ》を取り立てる「荘園制」というシステムが成立するんですね。そして、その時期から延暦寺や興福寺といった旧仏教の大寺院も荘園を持つようになります。そうなると、寺院も農民から年貢を取り立てないといけなくなるわけですが、寺の僧侶が武士のように粗野な暴力をふるって取り立てるわけにはいきませんから、〝お前たちは年貢を納めることによって功徳《くどく》を積み、やがては極楽に救われるんだ〟といった形で仏教の教えを説き広めるわけです。ですからその時期に、広範な民衆の世界に仏教の教えが浸透していったわけですね。ただし、その時の仏教の教えとは、大寺院の民衆支配を円滑にするためのもの、いわば支配の道具です。

それに対して法然や親鸞は、極楽に行けるかどうかに年貢などは関係なく、念仏や信心が肝心だという教えを説いた。ですから、それは旧仏教の教えに縛られた民衆の心を解き放ったのです。それこそが、法然や親鸞がやろうとした大事なことじゃないかと私は感じています。

日本の仏教を大きく変えた発想の逆転

――旧仏教が民衆に説いた教えでは、年貢を納めることも功徳のひとつだったでしょうが、念仏も功徳を積む方法として勧められていたのでしょう。その念仏と、法然が説いた念仏とはどこが違っていたのでしょうか。

法然は、「南無阿弥陀仏」と声に出してとなえる称名《しょうみょう》念仏が阿弥陀仏の教えの究極だと考えたわけですね。しかし旧仏教の世界では、称名念仏は数ある仏教の行の中で最もレベルの低い行だと捉えていたわけです。ですから、念仏をとなえる民衆より、厳しい修行に励んでいる僧侶の方がはるかに素晴らしいと考えていた。それに対して法然は、たとえ無知であってもひたすら念仏をとなえる民衆の信心深さはとても尊いと考えたわけです。そこが法然の凄いところで、その発想の逆転が日本の仏教を大きく変えたのだと思います。ただしその法然の専修《せんじゅ》念仏の教えが民衆に広がると、修行に励む旧仏教の僧侶は立つ瀬がなくなるわけですね。だからこそ弾圧もされたのだと思います。

——旧仏教の教えでは、年貢を納めない人や領主を欺く人は悪人であり、地獄に堕ちるとされていた。ただし、そうした悪人でも念仏すればレベルは低いけれど仏に救われると。それに対して、親鸞は悪人こそが救われると説きました。その悪人観はどこが違っていたのでしょう。

親鸞の前に、法然はすべての知識や行を捨てて愚者凡夫《ぼんぶ》に徹することこそ極楽往生の道だと説いたわけですね。当時の価値観ではいちばんレベルが低いとされていた愚者凡夫を、仏の教えに適う究極の人間存在と見た。それを親鸞は、自分の悪を自覚した悪人という言葉で表現したのでしょう。この価値観の逆転こそが大事な点です。旧仏教も民衆に教えを説いたのですが、いわば民衆を馬鹿にしながら説いていたわけですね。それに対して法然や親鸞は民衆の中に真実の人間を見出したのだと思います。

――最後に、平先生が「晩年の親鸞は思想的に破綻していった」とおっしゃる理由は先生のご本で読んでいただくとして、私としてはこの本の最後の方に「正像《しょうぞう》の二時はおわりにき　如来の遺弟《ゆいてい》悲泣《ひきゅう》せよ」という和讃を引かれ、「悲嘆し泣いているのは、他でもない。親鸞その人自身です」と書いておられたのが印象的でした。

法然と親鸞は、自分が生きている時代をどう見るかを真剣に考え、独創的な新しい思想を語ったわけですね。だとすれば、私たちも今生きているこの時代をどう見るか問い直し、自分の生き方や方向性を考えないといけない。法然や親鸞は過去の人ですが、私たちが現代の厳しい社会をどんな立ち位置で生きていくか問われた時、彼らの歩みは必ず参考になります。時代を問い、時代に抗った人の生きざまは、普遍性をもちます。だからこそ時代を超えて、共感と勇気を人々に与えるんだと思います。

歴史小説家の視点から

和田 竜

脚本家、小説家

和田 竜 わだ りょう

1969年大阪府生まれ。早稲田大学政治経済学部卒。2003年、映画脚本『忍ぶの城』で城戸賞を受賞。07年、同作を小説化した『のぼうの城』（小学館）でデビュー。同作は直木賞候補となり、映画化され、2012年公開。14年、『村上海賊の娘』（新潮社）で吉川英治文学新人賞および本屋大賞を受賞。他の著作に『忍びの国』（新潮社）、『小太郎の左腕』（小学館）がある。

インタビュー：川村妙慶

※このインタビューは『同朋』2020年12月号に掲載されました。

〝海賊の娘〟を主人公に
これまでにない戦国絵巻を描く

——和田さんが書かれた歴史小説『村上海賊の娘』（新潮社）を楽しく読ませていただきました。まず、いきなり私事で恐縮ですが、実は私のご先祖は村上海賊だったらしいんです（笑）。祖父が九州のお寺の出身だったのですが、そのお寺の玄関に髭もじゃで強面《こわもて》の人物の肖像画があって、この人がご先祖だと聞かされて…。当時は海賊って単なる盗賊だと思っていたので、ずっと嫌でした（笑）。でも、この小説を読ませていただいて、海賊のイメージが変わりました。当時の海賊は、海の専門家として舟の安全を守護するような存在でもあったようですね。

ええ。特に戦国末期になってくると、村上海賊三家のひとつ能島《のしま》村上家などの大きな海賊衆は、勢力拡大に伴って当時の社会システムに組み込まれ、航行の安全を守るとか水先案内を務める、あるいは大名に仕えて水軍の一翼を担うといった役割を果たしていたようです。だから、われわれが海賊という言葉から受ける語感とはちょっと違うかもしれません。

――和田さんが村上海賊に興味をもったきっかけは何だったんですか。

僕は生後3か月から中学2年まで広島に住んでいたので、周囲には村上姓の人が多く、自分の先祖が海賊だったことを誇りに思っている人もいました。さらに両親に因島《いんのしま》へ連れて行かれ、村上家の遺構を見せられた経験もあって、海賊はかっこいいというイメージがあったんですね。ですから、いつかは海賊を題材にした歴史小説を書いてみたいと思っていました。

――この小説には、戦国時代に大坂本願寺と織田信長が10年間にわたって戦った石山合戦《いしやまかっせん》の一端が描かれていますが、主人公は本願寺に味方した能島村上家の当主・武吉《たけよし》の娘である景《きょう》という20歳の女性なんですね。どうして若い女性を主人公に据えたのでしょう。

それまで『のぼうの城』や『忍びの国』など、いかにも戦国ものらしい男同士の戦いを扱った小説ばかり書いてきましたから、今度は女性を主人公にしたい、さらに海賊ものにするなら、海賊のイメージとは真逆の人物を主人公に据えたいという狙いがありました。戦国時代の女性というと、政略結婚をさせられてしまうようなか弱いイメージもありますが、一方で元気いっぱいな女性のエピソードもけっこうあるんですね。そういう活発な女性を主人公にしたことで、これまでの戦国ものになかった面白さが出せたんじゃないかと思います。

親鸞の率直さとエネルギーの強さに惹かれる

——巻末に掲げてある「主要参考文献」の一覧をみると、和田さんがいかにたくさんの史料を調べたかがわかります。その中には『歎異抄《たんにしょう》』も含まれていて、さらに『教行信証《きょうぎょうしんしょう》』まで読まれたとか。

ええ。本願寺の話を扱う以上、親鸞の教えがどういうものなのかをある程度は理解しないと書いちゃいけないと思ったものですから。実のところ、『歎異抄』を読むだけでもけっこう苦労しました。

——作中には『歎異抄』の言葉やエピソードが何か所も引用されていますね。例えば小説の第二章のはじめには、唯円《ゆいえん》が親鸞に〝念仏をとなえても歓喜する気持ちが湧かないし、早く浄土に行きたいという気持ちにもならないのは、どういうことでしょう〟

と尋ねたところ、親鸞が〝私もその疑問を感じていた。唯円、お前もそうだったのか〟と答えたという、『歎異抄』第9章の有名な問答が引かれています。

『歎異抄』のその箇所を読んだ時に、〝親鸞って正直だな〟と思ったんですね。念仏の教えを信じても、すぐ浄土に行きたいという気持ちになれない。そう感じるのは人間であれば当たり前だけれど、普通の宗教家ならそんな気持ちはないことにしてしまうでしょう。でも親鸞は自分にもそういう気持ちがあることをあっさり認めてしまう。そんな正直さを基盤にして教えを説いていた人が鎌倉時代にいたということは、僕みたいに宗教に疎《うと》い人間からすると、ちょっと衝撃でした。

もうひとつ、親鸞の生涯を見て思うのは、この人って凄いエネルギーの持ち主だったんだろうな、ということです。本当に自分は浄土に行けるのかを大真面目に問い詰め、自分のような人間は自力で修行しても絶対に往生《おうじょう》できない、では何か別の道があるだろうか、ということを凄まじいエネルギーを費やして考えたのだろうと思います。

――『歎異抄』の第2章には、本当に念仏ひとつで極楽往生できるのかを親鸞に問いただそうとして、関東から京都まではるばる歩いてやってくる弟子たちが出てきますが、それもまた凄いエネルギーですよね。

そうですね。当時の人たちの信仰に対する真剣な姿勢には驚かされます。「本当に自分は浄土に行けるのか」ということを死活問題として考えている。そのあたりが、僕たちのような現代人とは全くちがうところです。

この小説に登場する本願寺の門徒たちも、全身で信仰に生きています。それに対して、景という主人公は現代人に近くて、最初のうちは門徒たちのことをやや引いて見ているんですね。でもその景が、やがて門徒たちの姿に心打たれ、海賊たちを率いて本願寺に加勢するようになっていく。それがこの小説の重要なストーリーラインになっています。

信じて念仏申すだけで浄土に往生できるという教え

――小説の第二章に、留吉《とめきち》という門徒の少年が、景に向かって真宗の教えを説明する場面がありますね。「弥陀の本願には老少善悪のひとをえらばれず。ただ信心を要《よう》とすとしるべし」という親鸞の言葉どおり、〝浄土に往生するには、信じて念仏申す他には何もしなくていい〞と言うわけです。でもそれを聞いても、最初のうち景は理解できない。〝何も善いことをしないで極楽往生できるわけがないじゃないか〞と思うんですね。

現代でもほとんどの人は、例えばお寺や神社に行くと、お賽銭をあげて願いごとをするわけです。つまり、お金を出した見返りとして、神や仏に願いごとをかなえてもらう。宗教とはそういうものだと、誰もが漠然と思っているのでしょう。そこからすると、ただ信じて念仏するだけで極楽往生が決定するなんていうことは、にわかには納得できない。この点はとても大事だと思ったので、景と留吉に問答をさせ、〝何もしないで救われるわけないでしょ〞という、現代でもみんなが抱くであろう素直な感想を景に言わせてみたわけです。

——ところが、後に本願寺側の武将たちは〝進まば極楽往生、退《ひ》かば無間《むけん》地獄〞と書かれた軍旗を掲げて、門徒たちを戦に駆り立てようとします。その旗を見て、景は激怒するんですね。これは聞いていた教えと違う、と。

ええ。軍旗に書かれた文句は、恐れずに敵に向かっていけば極楽へ行けるが、おびえて退けば地獄に堕ちるぞ、と門徒たちを脅しているわけですね。留吉から聞いた話では、信心さえあれば往生できるはずなのに、これでは条件付きの救済になってしまう。こんなのは嘘だと景は瞬時に気がつくわけです。

――つまり、この時主人公は、最初に聞いた時にはわからないと言っていた浄土真宗の教えを、すでによく理解していた、と。

そう。信心を得た時点で極楽浄土に行けることが決定するという、教えの肝心な部分は理解しているわけです。ただし、主人公が真宗の教えを理解し、それに感化されて門徒たちの味方をしたということじゃありません。もちろん、信心を得たわけでもない。そうではなくて、彼女は何の見返りも求めずに戦う門徒たちの姿に感動したので、本願寺に加勢することを決意するんですね。

門徒たちの無償の行為に心打たれて

物語がクライマックスにさしかかる第四章の後半、結婚のために戦場を去って能島に帰っていた景は、本願寺の門徒たちの危機を知って急きょ大坂に引き返そうとします。そして父の武吉から〝なぜ戦場に戻るのか〟と訊かれ、〝誰もが自分や自分の家を守ろうとして戦っている中で、門徒たちだけは他人のために戦っているからだ〟と言うんですね。さらに武吉が、〝門徒たちだって自分の後生《ごしょう》のために戦っているんだから同じことだ〟と言うと、「そうじゃない」と景は激しく反論します。

「瀬戸内を出たとき、あいつらは極楽往生がすでに決まっていると信じていた。それでも、弥陀の御恩に報いるために、行かぬでもいい戦に行って命を捧げたんだ。戦場では退けば地獄だと脅され、話が違うと知っても、あいつらは仏の恩義を忘れようとはしなかった。(中略)オレはそういう立派な奴らを助けてやりたい」

(『村上海賊の娘』(三) 243頁)

つまり主人公は、門徒たちがすでに浄土に行けることが確定しているにもかかわらず、大坂本願寺を助けに行こうとする、その無償の行為に感動しているわけです。

——そうですね。武士なら戦に参加すればご褒美をもらえるでしょうけど、門徒には何も見返りがない。まさに無償の行為です。

そう。もし彼らが、本願寺を助けたら浄土に行けるという条件つきで行こうとしているなら、彼女は感動しなかったと思う。

――現代に生きている私たちは、無償の行為ってなかなかできないですよね。それは、〝〇〇するなら、××してあげる〟という取引や損得勘定が世の中の基本になっていて、それ以外の発想ができなくなっているからなのでしょう。もちろん、私たちはもともと仏さまのように完璧な無償の行為はできませんが、それでも、見返りなしで誰かに親切にしてあげたいという気持ちはあります。でも、なぜかそういうことはできない世の中になっている。どうしてそうなっているのか。私たちは何を見失っているのか。この小説はそれを考えさせる力をもっていると思います。

歴史小説の面白さは、現代人とは違った価値観や死生観をもった過去の人たちと出会うことで、違う視点からものごとを見る目が開くきっかけになることですね。特にこの時代の人の信仰や宗教観を描くのは難しかったですが、よくわからないなりに『歎異抄』や『教行信証』を読んだ甲斐あって、現代人にも「なるほど」と思ってもらえるようなアプローチができたように思います。

親鸞の晩年に〝「身軽」の哲学〟を見る

山折哲雄
宗教学者、評論家

山折哲雄 やまおり てつお

1931年米サンフランシスコ生まれ。東北大学インド哲学科卒業。国際日本文化センター名誉教授（元所長）、国立歴史民俗博物館名誉教授、総合研究大学院大学名誉教授。『悪と往生』（中公文庫）、『親鸞の浄土』（アートデイズ）、『親鸞をよむ』『『教行信証』を読む』（共に岩波新書）、『「ひとり」の哲学』『「身軽」の哲学』（共に新潮選書）など著書多数。

インタビュー：四衢 亮

※このインタビューは『同朋』2021年1月号に掲載されました。

自分の病と老いを通して見えてきた親鸞晩年の境地

――山折先生は、たくさんの本をお書きになっていますが、今日は2019年に出された『「身軽」の哲学』(新潮選書)の内容を中心にお聞きしたいと思います。まず、山折先生はお父さまが浄土真宗本願寺派の僧侶でいらしたこともあって、子どもの頃からずっと親鸞のことを思いながら歩んでこられたそうですね。お若い頃の先生にとって親鸞はどんな人だと感じておられたでしょうか。

一言で申しますと〝偉大なる人生の教師〟という捉え方だったと思います。つまり、宗教者としての親鸞の側面に関心はあったものの、その世界はまだわからなかった。やはり若い頃には、親鸞さんの根本にある信仰の世界には入りきれなかったですね。

ところが、私はすでに90歳という、親鸞さんが亡くなった年齢を越えました。これまで、小中学生の頃の小児喘息にはじまり、さまざまな病気で入退院を繰り返し、手術も3度経験しましたので、こんなに長生きするとは思っていませんでした。しかし、知らず知らずのうちに親鸞さんの晩年と同じ年代になり、いつしかその人生を成長し変容する人間の記録として受け取れるようになったんですね。そして、その人生を自分自身の病と老いに関連づけて理解するようになった時、初めて彼の究極の信仰や救いの問題が少しずつ見えてきた気がします。

――先生は『親鸞をよむ』(岩波新書)の最初の方で、「親鸞を頭でよむ」のではなく「からだでよむ」ことの大切さを書いておられましたが、まさに今はご自身の病や老いの経験をとおして、「親鸞をからだでよむ」ことを実践しておられるのですね。

ええ。現在の心境を話しますと、「病」を経験し、「老い」を経験すれば、その先にあるのは「死」ですよね。そこで、これまで人生の教師だった親鸞さんの老・病・死はいかなるものだったのか。その果てにある救いや往生とはどういったものか。そのことを親鸞さんにお会いして伺いたいという気持ちになりました。

西行、親鸞、芭蕉、良寛が「非僧非俗」でつながる

そうした見方の基本になったのが、自分自身の病気の経験です。私は前半生から後半生にかけて、消化器系の内臓の病気をほとんど体験してきたんですね。十二指腸潰瘍と胃潰瘍の手術を経験し、急性肝炎、慢性肝炎、C型肝炎と肝臓の病気でも苦しみました。次に胆嚢《たんのう》を切除し、さらに急性膵炎《すいえん》と、ずっと消化器系の病で慢性的な痛みを抱えてきたわけです。

ところが、80歳代になってから、今度は不整脈から脳梗塞《のうこうそく》を引き起こすという循環器系の病を初めて経験したのです。そこで、脚のつけ根から心臓までカテーテルを挿入し、不整脈の原因になった患部を焼き切るという大がかりな手術で、どうにか生き延びることができました。そして、その後の長い療養生活でベッドに横たわりながら体験したのは、痛みからは解放されたものの、どんどん呼吸が薄くなり、時には意識がもうろうとして、ふわっと軽くなるような感覚だったのです。つまり、循環器系の病というのは、これまで経験した消化器系の病とはまるで違っていました。痛みに耐え、自分の〝存在の重さ〟を感じ続ける消化器系の病に対して、循環器系の病はむしろ〝存在の軽さ〟を感じさせたのです。

呼吸が薄くなり、意識が軽くなって、そのままロウソクの火が消えるようにすっと無の世界に入っていければ、それはそれで往生《おうじょう》の仕方として悪くないな。もしかすると、釈迦の涅槃《ねはん》というのもその状況に近かったのではないか。さらにそれが親鸞のいう往生と重なればいいな、などと自分勝手に理解したのですが。

人生の終点近くになってそういう体験に恵まれた時、頭に浮かんだのが、「自然法爾《じねんほうに》」という親鸞さんの最晩年の言葉でした。これまでもその言葉についてはいろいろ理屈をつけて書いたり話したりしてきましたが、本当の自然法爾というのは、親鸞さんが成長と変容を繰り返し、最後に老病の究極の岸辺にたどり着いた時、理屈抜きで呼吸のように出てきた言葉ではないか、と。そして、親鸞のその境地は、芭蕉が晩年にめざした「軽み」という境涯と、意外に近いのではないかと思ったんですね。

――『「身軽」の哲学』では、西行から親鸞、芭蕉、良寛までをひとつながりの系譜と見ておられますね。

そう思った背景には、もうひとつの要因があります。私は、日本の精神史において非常に重要なキーワードは、親鸞さんが『教行信証《きょうぎょうしんしょう》』の最後に書きつけた「非僧非俗《ひそうひぞく》」という言葉だと思うんですよ。これは親鸞の思想、信仰において欠かせない出発点であり、到達点だと思います。そして、それに近いことを言っている人は他にもいる。

その一人が芭蕉です。彼は『野ざらし紀行』の冒頭で「僧に似て塵《ちり》あり、俗に似て髪なし」と書いています。つまり、僧の姿をしているものの煩悩にまみれている。かといってまったくの俗人でもなく、せめて髪だけは剃っている、と。これは芭蕉なりの非僧非俗、あるいは半僧半俗の姿です。

そしてその芭蕉が非常に尊敬していたのが西行ですね。西行もまた、出家しながらも歌を捨てなかった半僧半俗の人でした。ですから、非僧非俗あるいは半僧半俗をキーワードにして西行、親鸞、芭蕉、さらには良寛という4人の人間像が浮かび上がってきたわけです。

漢文から歌、つぶやきに至る成長と変容の過程

——先生は、親鸞の生涯に成長と変容の過程を見ておられるわけですが、それを順に追っていくとどういう流れになるのでしょうか。

まず『教行信証』がありますね。あれは親鸞さんが比叡山で修行していた時期に万巻の書を読み、後にその成果を生かして書かれた、いわば「学位論文」のようなものであり、知的な情熱に燃えたぎっていた時代に書かれたものだと思います。

しかし、念仏弾圧の嵐に巻き込まれて越後へ流罪になり、さらに越後から関東へ流浪の旅を続ける過程で、親鸞は民衆と出会うわけですね。その時に、『教行信証』の言葉では民衆の心に自分の考えを届けることができないと痛感したのでしょう。そこで出てくるのが和讃、つまり歌の世界ですね。リズムをもった歌の形式で人々の心に言葉を届けようとした。当時の流行歌だった今様《いまよう》歌謡の中に仏教への信仰を歌った法《ほう》文歌《もんか》というジャンルがありますが、それに大きな刺激を受けたのだと思います。そして、60歳代に京都へ戻ってから『浄土和讃』『高僧和讃』『正像末《しょうぞうまつ》和讃』をまとめるわけです。

さらに、80歳代の末期になって、「自然法爾」という言葉が出てきます。ここに至って、親鸞は知的情熱から完全に解放され、今日の言葉で言えば思想とか哲学とか、あるいは信仰からさえ解き放たれて、いっそう身軽になっていたと、私は感ずるのです。あれは本当に自然に、呼吸するように出てきた言葉だと思えるようになったんですね。

ですから、親鸞が変容する過程とは、『教行信証』のような漢文の世界から、和讃のような歌の世界へ、そして「自然法爾」に至って、呼吸のようなつぶやきの念仏へと変化していったのだと考えるようになりました。

親鸞の思想が現代人に投げかける問題提起

――親鸞の「非僧非俗」という言葉の重要性を指摘してくださいましたが、そうした生き方が現代の私たちに投げかけている問題提起とはどういうものか、改めてお聞かせください。

私たち近代を生きる人間は、膨大な知識や書物を背中に背負い込み、その重みに自分自身がつぶされそうな状態になっているのではありませんか。そこで大事なのは、むしろそうした重みからいかに解放されるか。そのことは、自分自身がこれから人生の最後を歩む上で、真の道標になるのかな、と思うようになったんですね。

そのために「自然法爾」という考え方がいかに重要かということに気づいた。そして、そこに到達するためには、日本列島に生きた人々の心の伝統というか、精神の古層というもののはたらきがあり、それが生きていくための土壌になると考えるようになったわけです。それはやはり「非僧非俗」という生き方がもたらしたものではないのか。その代表が西行であり、親鸞であり、芭蕉であり、さらに自分のことを「俗にあらず、沙門《しゃもん》にあらず」と称した良寛ではないかと考えているのです。

今、コロナ禍の問題などが起き、近代の見直し、私たちの生活をどう考え直すかということを迫られているわけですね。そこで、近代的な合理性を中心にした生活の組み立てを「非僧非俗」の立場から見直す時期が来ていると考えます。そういうことを全体的に反省しますと、親鸞という存在は、無限に成長し変容し続ける類まれな存在だったということを改めて感じますね。

――最後に、『「身軽」の哲学』では、親鸞が「自然法爾」の前に書いた「愚禿悲嘆述《ぐとくひたんじゅつ》懐《かい》」和讃にも触れておられますね。「自然法爾」に至る前に親鸞が通った「悲嘆述懐」という過程についてはどのようにお考えでしょうか。

そうですね。まず自分自身の心境からお話しすると、私は今、90歳近くまで生きてきまして、何ひとつ不足に思うことはないのですが、それでも年を重ねれば重ねるほど「寂しいな」という感覚が深まってきました。これからは逃れられないという気がしています。

親鸞さんの「愚禿悲嘆述懐」には、人間の宿業《しゅくごう》やエゴイズム、欲望など現実の生活につながるすべての問題が含まれているでしょう。それは、年齢が80歳であろうと90歳であろうと変わらぬ悲しみであり、生きていることの寂しさですよね。親鸞の言う「無明《むみょう》の闇」の底を流れているのはこの寂しさでしょうし、それとどう共存していくかが老いの時期をよりよく生きるための要所になると思います。

親鸞さんは、晩年に至って身軽になられたと考えていますが、身軽になればなったでかえって寂しさが深まることもあるんですよ。軽さというのは、最後は寂しさと共にやってくるものかもしれない…。今、そんなことを思います。

今の時代に親鸞がいたなら

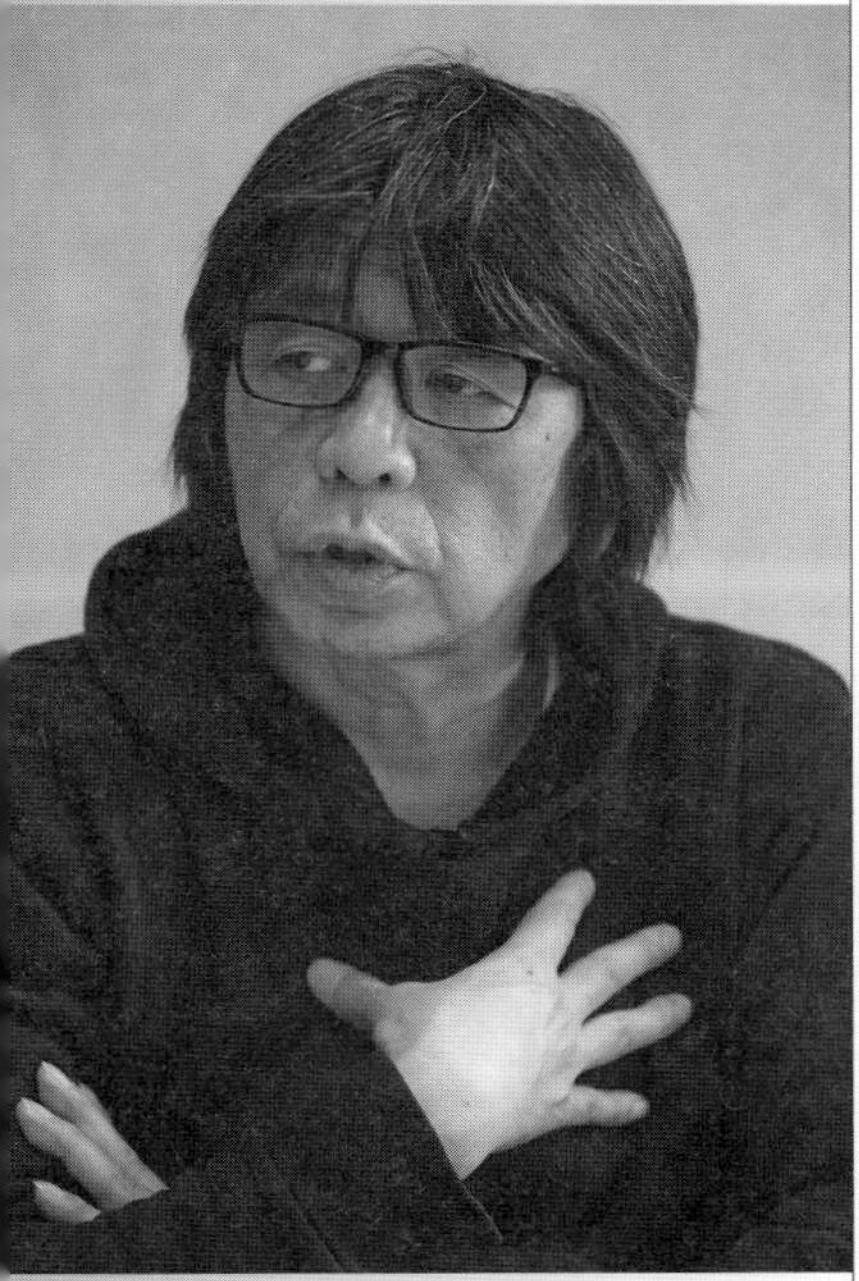

森 達也
映画監督、作家

撮影：岡本 淑

森 達也 もり たつや

1956年広島県生まれ。映画監督、作家、明治大学特任教授。98年、オウム真理教を取り巻く社会の歪みを描いたドキュメンタリー映画『A』を公開。その後、『A2』、『FAKE』などを経て2019年公開の『i-新聞記者ドキュメント-』がキネマ旬報ベストテン（文化映画）1位を獲得。『A3』（第33回講談社ノンフィクション賞受賞）ほか著書多数。23年9月には初の劇映画『福田村事件』を公開。

インタビュー：編集部

※このインタビューは『同朋』2021年3月号に掲載されました。

集団化と分断が進む現代という時代の危うさ

――２０２０年代の始めには、新型コロナウイルス感染症の世界的大流行やアメリカ大統領選挙の混乱など、これまでの常識が通用しないような出来事が次々に起きました。森さんはそんな今の社会をどう見ておられるでしょうか。

そうですね。そのほか米中の対立やイギリスのＥＵ離脱もあって、〝分断〟という言葉をよく耳にするようになりました。僕は以前、ドキュメンタリー映画の『Ａ』や『Ａ２』でオウム真理教事件後の社会の変質を描きましたが、その当時から問題だと思っていたのが「集団化」です。オウムの事件は、動機が分からないために人々を不安に陥れました。そして、人は不安や恐怖に襲われると、群れになり、敵を見つけ出しては叩くという行動に走ります。オウム事件以後の日本社会は、そうした集団化の流れがどんどん加速している。さらに、群れがたくさんできれば、その間の分断の溝も深まっていくのは当然です。その流れは、当時から予測していたことでした。

——国内では、日本学術会議の新会員を総理大臣が任命拒否するというできごとがあり、森さんは映画界からいちはやく抗議の声をあげました。もともと学術会議は、第二次世界大戦中に科学者が軍部に協力してしまったことへの反省から生まれた機関で、当時はそうした平和主義の理念が日本全体で共有されていたはずです。しかし現在では、そうした平和とか民主主義といった、これまでこの国を支えていた理念が共有されなくなり、足元から崩れてしまっているような気がします。

戦時中のことを反省したのは日本だけじゃありません。例えばアメリカでも、原爆を開発した「マンハッタン計画」に優秀な科学者が協力したことを反省し、それをきっかけに、アカデミズムは政治権力から分離され、権力にブレーキをかける役割を担うべきだという考え方が定着しました。今でも欧米では多くのアカデミーがそうした理念を守って活動しており、政府の補助金や市民の寄付を得て、日本学術会議とは比較にならないほど大きな予算規模を有しています。

疫病、飢饉、自然災害…激動の時代に生きた親鸞

——思えば、親鸞が生きた時代も、貴族の支配から武士の支配へと社会が大きく変化した時代でしたし、疫病や飢饉、自然災害などが頻発した激動の時代でした。法然や親鸞がそれまでの仏教概念を覆すような斬新な教えを説くことができたのも、そういう歴史的背景があったからではないかと思います。

８００年も前のことですから、想像するしかありませんが…。現代に共通するような不安定さがあの時代にもあったかもしれませんね。あの時期に、法然・親鸞だけでなく、道元や一遍、日蓮など革新的な仏教者がぞくぞくと現れた背景には、不安定な時代を生きる人々の不安や生きづらさがあったとは言えると思います。

通常、社会が成熟していく時には、差別や格差がなくなり、戦争や飢餓や貧困が少なくなるような方向性に進んでいくはずですが、鎌倉時代も現代もそうはならなかった。むしろ８００年後の現代の方が、人々はテロなどによる生存の不安に脅かされ、貧困や格差の問題も解決していない。現在の日本は、先進国の中でも有数の貧困率が

高い国です。しかも、そのことを国民の多くは気づいていない。さらに、鎌倉時代とは違って現代はテレビやネットなどのメディアは発達していますから、恐れや不安な気持ちはあっというまに拡散してしまいます。

――とりわけ飢饉や災害が親鸞に大きな影響を与えたのではないか、ということを多くの人が指摘しています。例えば、親鸞が9歳で出家し、比叡山に上がった1181（養和元）年は、鴨長明が『方丈記』で描いた「養和《ようわ》の飢饉」が起きた時期であり、京の町には死体があふれていました。そんな時に親鸞は、飢えに苦しむ人々を置き去りにして自分だけが当時のエリート養成機関だった延暦寺の僧になることについて、現代なら「サバイバーズ・ギルト（生存者の罪悪感）」と呼ばれるような罪の意識を子どもながらに覚えたのではないか。そのことが、後に親鸞が山を下り、すべての人が平等に救われる法然の専修念仏《せんじゅ》の教えに帰依した遠因のひとつではなかっただろうか…。そんな見方もできるかもしれません。

そうかもしれませんね。親鸞がサバイバーズ・ギルトを抱えていたかもしれないということは考えたことがありませんが、感覚的には分かる気がします。

この話は何度もしましたが、僕は『A』の映画を撮り終えた後で、『歎異抄《たんにしょう》』にある「善人なおもて往生《おうじょう》をとぐ、いわんや悪人をや」という悪人正機《あくにんしょうき》の文に出会ったわけです。びっくりしました。「この時代にこんなことを言っていた人がいたんだ」と。そんな親鸞の「悪人」に対する思いの強さを考えると、その背景に命の原罪性というか、生きることの罪深さへの意識があったのではないか、ということは納得できるように思います。

——森さんは、2011年に起きた東日本大震災と原発事故から5年ほど経った頃に、こんなことをおっしゃっていましたね。震災の直後は、日本人全体が「後ろめたさ」を抱えた時期があった。あの時、日本社会は変わるチャンスだったのかもしれない。しかし、そのチャンスを逃してしまった、と。

そうですね。それまで、自分たちの豊かさや快適さを追求するために、東北を犠牲にして原発をつくり続けてきたこと。しかも、それにまともに目を向けてこなかった。そのことを日本中が反省した時期はあったように思います。でも、この国の人々はあまりにも忘却するのが早い。それは敗戦後でもそうだったですよね。

サバイバーズ・ギルトのような「後ろめたさ」や「負い目」というのは否定的な感情ですから、それをずっと抱き続けるのが辛いのはよくわかります。だから、忘れてしまう。それどころか、例えば脱原発運動に取り組む人が誹謗中傷にさらされるなど、その反動が前面に出てきているのがこの10年の動きだった気がします。

すべてを白か黒にしてしまう二項対立の思考に抗して

――その10年間に、森さんはオウム事件の首謀者とされた麻原彰晃をモチーフにして『A3』（集英社文庫）というノンフィクションを書かれましたし、2020年には相模原障害者殺傷事件の加害者である植松聖《さとし》死刑囚と面会して、『U 相模原に現れた世界の憂鬱な断面』（講談社現代新書）という本を出版されました。一貫して世間から悪人として非難されるような人物に関心を寄せ続けるのはなぜですか。

オウム事件以降、日本社会には罪を犯した人に対するステレオタイプな見方が定着してしまいましたね。メディアもそれに追随して、加害者のことを「邪悪」「兇暴」「冷酷」といった決まり文句でしか表現しないし、それ以外の言葉を使って語ると、「あいつの肩をもつのか」、「被害者の気持ちになれ」などと罵倒される。だから、異論のある人はみんな沈黙してしまう。そんな風潮が嫌なんです。

僕はドキュメンタリーの作家ですから、人が目を向けないようなものを撮りたい。2016年には、その2年前にゴーストライター問題で非難を浴びた佐村河内守《さむらごうち》さんを取材して、『FAKE《フェイク》』という映画を撮りました。佐村河内さんに対するメディアの対応もひどかったですね。問題が発覚する前には「全聾の天才作曲家」と持ち上げていたのが、一転して「ペテン師の極悪人」などと呼ばれるようになる。極端から極端へ、で、あいだはぜんぶ端折ってしまう。すべてを黒か白に塗り分けてしまい、中間にあるグラデーションには目を向けない。人々が不安や恐怖に囚われて、ゆとりがなくなっているからなのか、ものごとを単純化し、善か悪か、真か偽かという二項対立でしか考えなくなる。

その点、親鸞は『教行信証《きょうぎょうしんしょう》』で「真・仮《け》・偽」という3つの概念を提示していますね。普通なら「真・偽」という二項対立で考えるところを、親鸞はそのあいだに「仮(方便)」を置くわけです。これは僕の勝手な解釈で、間違っているかもしれませんが、彼はすべてを白か黒かに単純化してしまうような考え方に抵抗していたのかもしれないな、と思って。

群れになるな
一人の個であり続けよ

——最後に、もし今の時代に親鸞が生きていたら、どんなことを言うと思いますか。

まず京都に行って、東本願寺のような大寺院を見たら、「燃やせ」と言うでしょうね(笑)。絶対に僕たちが期待するようなことは言ってくれない。いつもテーブルをひっくり返す。でも、ひっくり返しながら同時に救い上げてくれる。そして、今の状況に妥協して生きている僕らに向かって、「そんな生き方でいいのか」と問いかけてくれる…。親鸞とはそういう人じゃないかと思います。

「弟子一人《いちにん》ももたず」という言葉どおり、彼は大きな教団をつくろうとしなかったし、大きな寺を建てようともせず、質素な庵のようなところで人々に教えを説き続けた。

「弥陀の五劫思惟《ごこうしゆい》の願《がん》をよくよく案ずれば、ひとえに親鸞一人《いちにん》がためなりけり」という言葉も凄いですね。親鸞は、こうしたレトリックを通して、群れにならず、一人の個であり続けることの大切さを常に訴えていたんじゃないかと思います。

僕はいつも、群れになることの危険性について考えています。人は必ず集団化する。集団化し、社会をもったことで、人間はこれだけの文明を築くことができたのだから、それは決して悪いことじゃない。しかし、集団化には必ず副作用がある…。でも、そんなふうに僕が言っていることなんて、親鸞が８００年前に言ったことを、ごく浅いレベルでなぞっているにすぎないのかもしれない。そんな気がたまにします。

仏教の進化における親鸞

平岡　聡

京都文教大学教授

平岡 聡 ひらおか さとし

1960年京都市生まれ。佛教大学文学部仏教学科卒業。同大学大学院文学研究科博士後期課程満期退学。ミシガン大学アジア言語文化学科留学。現在、京都文教大学教授。博士（文学）。『浄土思想入門』『鎌倉仏教』（共に角川選書）、『大蔵経典の誕生』『〈業〉とは何か』（共に筑摩選書）、『ブッダと法然』『南無阿弥陀仏と南無妙法蓮華経』『親鸞と道元』『言い訳するブッダ』（以上、新潮新書）、『菩薩とはなにか』『理想的な利他』（共に春秋社）など著書多数。

インタビュー：編集部

※このインタビューは『同朋』2021年9月号に掲載されました。

変化をマイナスと考えず
むしろプラスと捉える

――親鸞のことをうかがう前に、先生が2020年に出版された『進化する南無阿弥陀仏』（大蔵出版）についてお聞きします。このご本は、通仏教的な視点から念仏の歴史を「進化」として捉え、その未来まで予測しようとする大胆かつ画期的な内容でした。

以前に『浄土思想史講義』（春秋社）という本にも書いたのですが、浄土教というのは、一見するとブッダが始めた仏教とは大きく違っていますね。しかし仏教というのは、必ずしもブッダの教えを一字一句違わずに伝えるのではなく、時機相応《じきそうおう》というか、時代や人に合わせて変化していくものだと思うのです。そして変化は決してマイナスではなく、むしろプラスと捉えるべきではないのか。そういう考えのもとに、念仏の変遷の歴史を一度きちんと整理してみようということで書いたのがこの本です。

――仏教の変化を進化の歴史と捉えておられるわけですが、面白いのは、その進化のきっかけとなるのが、高僧による聖典解釈の変更であるとされていることです。

いますね。

確かに、善導《ぜんどう》にしても法然にしても親鸞にしても、過去の聖典を大胆に読み替えていますね。

おそらくそれは、聖典に書かれていることをその時代に当てはめようとすると齟齬《そご》が出てきたからでしょうね。そこで、時機相応の教えはどういうものかと考え、聖典を読み替えていく。そういう時、自分がたてた論の正しさを証明するのに3つのやり方があると思います。ひとつは「教証《きょうしょう》」、つまり経典の教えに基づいて証明する。ふたつ目は「理証《りしょう》」、これは道理、理屈によって証明する。そしてもうひとつ、これは私が考えた言葉ですが、「体証《たいしょう》」といって体験によって証明していくことです。この理証と体証というのが、仏教の進化にとって大切なのではないかと考えています。

——聖典の解釈変更が恣意的なものにならないためには、その背後に「真の宗教体験」があることが大切だと書かれていますね。

解釈が恣意的なものであるかないか。そのひとつの尺度は、そこにどれだけ普遍性があるかということ。それから歴史の中で残るか残らないかですね。体験によって裏付けされない恣意的な解釈はいずれ消えていきますから。

仏教は時代と共に変化していくことが重要です。例えば法然や親鸞がブッダの教えを脱皮させたのだとしたら、将来はその教えをさらに脱皮させる人が出てくるかもしれない。その変化を認めること。そういう変化がなければ、どこかで教えは死んでしまうと思います。

大乗仏教を強く意識した親鸞の思考

——次に、２０２１年に出された『鎌倉仏教』（角川選書）についてお聞きします。このご本では、道元や法然、親鸞などいわゆる鎌倉新仏教の祖師たちの教えを、「専《せん》修《じゅ》」という言葉をキーワードにして紹介されていますね。その中で親鸞を取り上げた章では、「親鸞の浄土教は、大乗仏教を強く意識している点が特徴」と書かれ、「二種《にしゅ》回向《えこう》」、「菩提心《ぼだいしん》」、「仏性《ぶっしょう》」、「一乗《いちじょう》思想」という4項目をあげて論じておられます。

そうですね。法然の場合は、念仏ひとつで誰でも往生できるという選択本願《せんじゃくほんがん》念仏の教えにポイントが置かれていて、大乗仏教とのつながりはあまり強く意識していなかったと思います。例えば「菩提心」もそうですよね。これは大乗仏教でぜったい捨ててはいけないもののはずですが、法然はそれを否定してしまう。その点を突いて法然の『選択本願念仏集』を厳しく批判したのが明恵《みょうえ》の『摧邪輪《ざいじゃりん》』です。

親鸞はそうした明恵の批判に応えようとして、『教行信証』（信巻）で菩提心を浄土教的に解釈し直します。そして、菩提心を「竪《しゅ》／横《おう》」と「超《ちょう》／出《しゅつ》」の組み合わせで、竪超《しゅちょう》・竪出《しゅしゅつ》・横超《おうちょう》・横出《おうしゅつ》の4つに分類し、このうち「横超」こそが阿弥陀仏の本願力で回向された信心であり、これが浄土教の菩提心であるとするわけですね。こうやって親鸞は、法然が否定した菩提心の解釈を変えることで、それを再びよみがえらせたわけです。これは「仏性」についても同じで、親鸞はやはりこれも如来より回向された信心によってもたらされたものと解釈し直すわけですね。

――「一乗思想」についても、親鸞はそれを浄土教的に解釈し直すのですが、その背景には、菩薩乗《ぼさつじょう》、声聞乗《しょうもんじょう》、縁覚乗《えんがくじょう》の三乗を一仏乗に納めた『法華経』の教えがあると書かれています。

当然そうだと思います。法然や親鸞に限らず、鎌倉新仏教をとなえた人は、一遍以外はみんな比叡山で勉強していますから、親鸞も『法華経』の一乗三乗の議論を十分に認識していたはずです。そして親鸞はそれも浄土教的に解釈し直し、「一乗は最高の教えであり、それはただ阿弥陀仏の誓願一仏乗《せいがんいちぶつじょう》である」と『教行信証』(行巻)に書くわけですね。

鎌倉新仏教の祖師たちは、道元なら座禅、法然なら念仏、日蓮なら唱題《しょうだい》と、仏教の数多い行の中からそれぞれ一行のみを選択し、他を余行《よぎょう》として捨てます。それが「専修」ということですが、彼らの専修思想は、長い歴史の中で枝分かれした末端の一行を選択したのではなく、多様化した仏教を統合し、一行に収斂させようとしたのだと思います。つまり、ひとつの行に仏教のすべてを集約したオール・イン・ワンの仏教をめざしたわけですね。

親鸞は如来が発する強烈な光を体験したのではないか

――もうひとつ、「二種回向」の問題ですが、「往相《おうそう》/還相《げんそう》」という二種の回向のうち「法然が此土《しど》から彼土《ひど》への往相の道を開拓したのに対し、親鸞は彼土から此土への還相の道を開拓した」と書かれています。これは法然と親鸞との大きな違いですが、この違いの背景には親鸞のどんな宗教的体験があったとお考えでしょうか。

親鸞がどんな体験をしたかは確認しようがありませんが、法然の場合は穢土《えど》から浄土へ至る往相の道を切り開くのでもう精いっぱいだったと思うのです。それに対して、親鸞の場合はすでに往相の道は開かれていたわけですが、その地点に立った時、彼はいったい何を思ったのか。ここから先は私の勝手な想像ですが、法然が山にトンネルを掘るようにして開いた道を親鸞がたどっていった時、ある時点でとてつもない光が向こうから差し込んできたのではないか。つまり、それは阿弥陀仏の光です。親鸞は浄土や如来のありさまを具体的に書かずに、光の比喩で象徴的に表現しますね。彼は実際に阿弥陀仏の強烈な光が向こうから差し込んでくるのを体験したんじゃないだろうか。そしてその体験に基づいて、「還相回向」とか「如来よりたまわりたる信心」といった教理を体系化していったように私には思えるのです。

つまり、往相の道があるなら、還相の道もあるはずだ。そして、往相も還相も結局は阿弥陀仏の本願力によって回向されたものであろう。そうであるなら、信心や念仏もまた如来によって回向されたものではないだろうか、と。そうやって親鸞は、衆生《しゅじょう》が念仏で救済される根拠を「還相回向」、つまり「仏から衆生への働きかけ」という視点で理論化していったのだと考えています。

この二種回向論もまた、大乗仏教と関わりがあります。つまり、浄土教も大乗仏教の流れを汲む教えですから、浄土に往生することが最終目的ではなく、浄土に行って成仏した後には穢土に戻って苦悩する衆生を救済する。そうした利他行《りたぎょう》こそ大乗仏教の精神ですから、親鸞は曇鸞《どんらん》の『浄土論註《じょうどろんちゅう》』に基づき、往相に加えて還相を強調して、浄土教を大乗仏教の本流に位置づけようとしたのだと思います。ただし曇鸞とは違って、親鸞はこの二種の回向を如来から与えられたものととらえる。つまり、回向の主体は衆生ではなく、あくまでも如来が主体であるととらえる点が親鸞の特徴だと考えています。

人間や自分を相対化する視点をもつこと

――最後にお聞きします。『鎌倉仏教』の序章では、新型コロナウイルスの流行などで昏迷する現代において、鎌倉新仏教がどんな意味をもつかを論じておられます。ここであらためて、法然や親鸞の思想が現代にどんな役割を果たすのか、先生のお考えをお聞かせください。

今の社会を見ていると、コロナのことに限らず、人間中心主義というか、人間のエゴがあまりにも目に余る感じがします。その中で、経済成長や競争原理が常に社会の中心に居座り、そのことがさまざまな弊害を引き起こしている。そこで私がよく言うのは、円の中心と周辺という喩えです。現代の人間は誰しも自分が円の中心に座って、自分ひとりが成功すればいいと言わんばかりに、他の者をぜんぶ周辺に追いやっていく。みんながそんな生き方をしているでしょう。これでは、中心にあるたったひとつの席をみんなが狙っている椅子取りゲームのようなもので、争いが起きるのも当然ですね。

ですから、私が提唱するのは、円の中心にはみんなが「それは大事だ」と思えるものを置き、そして人間は全員周辺に出る。そうすれば争いはなくなり、円はいくらでも大きくなります。ややおおげさに言えば、これが私の考える世界平和のイメージなのです。

そのために大事なことは、自分を相対化する視点をもつこと。「俺が大事だ」、「人間が大事だ」ではなく、人間より大事なものがあるという発想をもつことです。では人間より大事なものとは何か。何を円の中心に置くのか。浄土教の信者であれば、それは阿弥陀仏ということになるでしょう。あるいは、もっと普遍的に誰もが重要と思えるものを中心に置くなら、それを「自然」と考えてもいい。とにかく、人間が中心ではない、自分が中心ではない、という視点はひとつ法然や親鸞の思想から学べることではないかと考えています。

『歎異抄』に見る教えのスタイル

三田誠広
作家

三田誠広 みた まさひろ

1948年大阪生まれ。早稲田大学第一文学部卒。77年に『僕って何』で芥川賞受賞。武蔵野大学教授を経て、現在は同大学名誉教授。日本文藝家協会副理事長。『赤ん坊の生まれない日』『漂流記 1972』『いちご同盟』（以上、河出文庫）、『龍を見たか』『やがて笛が鳴り、僕らの青春は終わる』（以上、角川文庫）、『仏陀の風景』（講談社）、『実存と構造』『釈迦とイエス　真理はひとつ』『源氏物語を反体制文学として読んでみる』（以上、集英社新書）、『空海』『日蓮』『親鸞』（以上、作品社）、『こころにとどく歎異抄』（武蔵野大学出版会）など著書多数。

インタビュー：四衢 亮

※このインタビューは『同朋』2021年10月号に掲載されました。

比叡山での20年間に若き日の親鸞の中で起きたこと

——今日は、三田先生が2016年に上梓された小説『親鸞』（作品社）についてお話をうかがいます。まず、この小説の前半は親鸞が比叡山で勉学や修行をしていた20年間のことが、当時の世の中の動きと並行して詳しく書かれていますね。先生は親鸞の青春時代の歩みと時代状況との関わりをどのように見ておられるでしょうか。

親鸞が出家して比叡山に上がった頃に、日本全体を巻き込んだいわゆる源平合戦があり、長く続いた平安時代が終わりを告げます。その時代、多くの武者たちは、平敦《あつ》盛《もり》を討った熊谷次郎直実のように、戦乱の過程で人を殺《あや》めることが何度もあったはずです。その一方、平安期に書かれた源信《げんしん》の『往生要集《おうじょうようしゅう》』の影響で地獄の恐ろしさが語られるようになり、死んだら地獄に堕ちるのではないかという怖れから、阿弥陀如来に救われたいという信仰が多くの人に広がっていきますね。

そうした中で、平安期の終わりごろに法然が念仏だけで救われるという教えを広めはじめた時、比叡山で20年間修行に励んできた親鸞は心がぐらついたはずです。自分がこれまで取り組んできた苦行を伴う勉学が、本当に人の救いにつながるのだろうか。そういう思いに駆られて法然に弟子入りし、目を開かされた。しかし、それはこれまでの自分の努力を否定することですから、大きな決断が必要だったでしょう。そこを乗り越えて、法然の専修《せんじゅ》念仏の教えに心を開いた。そこがまず親鸞の魅力的なところではないかと思います。

――小説では、当時の武士が抱いていた殺生《せっしょう》に対する罪の意識や怖れが親鸞にも深く根ざしていて、山を下りるという決断に至ったという展開になっているようですね。

ええ。その時の親鸞はまだ若い僧ですから、自分の中で葛藤があったと思います。おそらく親鸞はその生い立ちから罪の意識のようなものを抱き、何か自分の存在について思い迷うことがあったのでしょう。その悩みが、法然と出会ったことで逆転した。むしろ罪を抱えている人の方が救われるという法然の思想に接して、「これだ！」という思いを親鸞はもったのではないでしょうか。

『歎異抄《たんにしょう》』を読むと、その後の親鸞は多くの人に教えを説く立場になったにもかかわらず、常に自分を低い位置に置こうとしますね。自分は師匠の言葉を信じているだけで、実は何も知らないんだとか、自分は地獄に堕ちるしかないんだとか、非常に低い位置から語ろうとする。高みから教えを説くのではなく、その正反対の姿勢で語るという、こんな宗教者は日本の歴史の中でも珍しいんじゃないでしょうか。その独特のキャラクターは、たぶんもって生まれたものではなく、法然の教えを学び、多くの人に教えを説く過程で、次第に身についていったものではないかと思うのです。

東国での庶民との出会いが教えのスタイルを決定づけた

――小説の後半に、関東で親鸞が教えの言葉を織り込んだ田植え歌を用いて農民と出会っていく様子が描かれています。東国での親鸞の活動については史料が少なくてよく分からないのですが、先生はやはりそこで多くの民衆との出会いがあったと考えておられるのでしょうか。

親鸞は晩年、京都に戻ってから「和讃」と呼ばれる七五調の歌をたくさんつくっていますね。これはおそらく庶民に教えを伝えるためのものでしょう。人々は最初、調子のよさに乗せられて意味もわからず和讃を口ずさんでいるうちに、何かの拍子に歌の中に埋め込まれた言葉の重みに気づく。つまり、僧侶が上から教えを説くのではなく、人々が歌の中から大切な教えを自分で発見していくわけですね。そんな教えの伝え方をするところが親鸞の独自性だと思います。

東国へ赴く前、越後に流された時点では、親鸞は流罪になっているわけですから、布教活動はできなかったはずです。だからおそらく、例えば散歩のおりに農民が田植えをしていたらそれを手伝ったり、そんなことをしながら農民の暮らしの中に溶け込んで、人々がどんな暮らしをしているのかを観察し、その中から自分の教えの説き方のスタイルを見つけていったんじゃないでしょうか。

それから、親鸞の肖像画の中には、熊の皮の敷物の上に座っている絵がありますね。親鸞が熊の皮をもっていたということは、熊を捕らえ、皮をはいだ人たちとも付き合いがあったということでしょう。猟師や漁師といった人々は、殺生をしなくては生きていけないわけです。仏教の教えでは、人間を殺してはいけないだけでなく、獣や魚を殺すことも許されません。しかし、そうした殺生を生業《なりわい》とする人たちと出会ったことで、殺したとか殺していないとかは関係なく、すべての人が阿弥陀仏に救われるという教えを説くようになったのでしょう。つまり親鸞という人は、本当に底辺で働いている人たちと接することによって、人々が抱える悩みや不安を自分のことのように考え、そこから自分の教えのスタイルを見つけていったのではないかと思っています。

小説の底流を流れる父と子の葛藤のドラマ

――先ほど、〝親鸞は自分の生い立ちにからんで罪の意識をもっていた〟というお話がありましたが、この小説では、殺父殺母《せっぷせつも》などを禁じた五逆罪《ごぎゃく》をキーワードにして、ずっと父と子の関係が伏線のように描かれています。つまり、親鸞と父の有範《ありのり》、そして息子の善鸞《ぜんらん》との関係ですね。そこに目をつけられたのはどうしてなのでしょうか。

まず小説を書く上で、父と子の問題は永遠のテーマですから、小説を構想する時に、まずそこは押さえるべきところだと考えています。親鸞は、いわば親に捨てられて比叡山に出家させられた子どもですね。そして善鸞もまた同じように親に捨てられるような形で比叡山での修行を始めます。そこにおいて、人類の基本的なテーマである父と子の関係が繰り返されるわけですね。

親鸞は、自分の後継者を育てるつもりで善鸞に教えを伝えたのでしょう。しかし、教義は教えられても、宗教者としてどうやって人と接するかについては、なかなか簡単には伝えられない。これは親鸞が自分自身で体験して確立したスタイルですから、結局それを善鸞に伝えることができなかった。

そして、親鸞が善鸞を自分の名代として東国に派遣したところ、善鸞は東国に赴いて自分なりのやり方を確立したものの、それは東国の弟子たちにとってはとんでもないやり方だったということでしょう。その結果、親鸞は善鸞を義絶《ぎぜつ》、つまり息子と認めないという手紙を弟子たちに送るわけです。そこにはやはり、親としての苦悩があったと思います。

――具体的には、善鸞は自分だけが父から伝えられた秘密の教えがあると言って、それを真夜中に一対一で密かに伝授するという「秘事法門《ひじぼうもん》」というやり方をするわけですね。

はい。確かにそうやって密閉された空間で謎めいた儀式によって何かを伝える宗教は世界中にありましたし、現在も残っています。しかし、親鸞のやり方はそうした秘儀めいたものとはまったく逆で、〝これは特別に尊い教えなのだ〟などと勿体ぶることなく、穏やかに平易な言葉で教えを伝えようとしていますね。現在まで浄土真宗が発展してきた要因には、そうした親鸞の人柄や教えのスタイルがあっただろうと思います。

生き方の全体から輝きでる親鸞という人間の魅力

――おっしゃる通りで、親鸞の東国の弟子たちは、師が京都に戻った後も30年余りにわたって生活を支え続けるわけです。そこにはやはり、親鸞の生き方や教えのスタイルが、関東の人々に特別に深い感銘を与えていたということがあると思います。

親鸞の魅力とは、その教えの核心にある論理の面白さもあるのですが、それと同時に彼が自分でつくりだした教えのスタイルや、生き方や話しぶり、生活態度などの全体を通じて、弟子たちの胸を打ったということがあるのでしょう。

ただし、『歎異抄』に書かれている通り、親鸞が京都に帰った後、弟子たちの間で少しずつ教えの受け止めが変わっていき、論争まで起きるようになっていきます。それは、親鸞の教えそのものが体系だったものというより、いわば既存の教えを全否定するところから始まっているので、「念仏には無義《むぎ》をもって義《ぎ》とす」という言葉があるように、「これが正しい」というハッキリしたものがないわけですね。だから、それを弟子たちに誤解されないよう伝えることがなかなか難しい。そこで、師匠がいなくなった後で教えも少しずつ親鸞のもともとの教えとは違ったものになっていくことはあり得たと思うのです。

――最後になりますが、今言われた親鸞の論理の面白さを、先生ご自身はどんなところに感じておられるか、そして親鸞は先生にとってどんな人物なのかということを教えていただければと思います。

親鸞の論理の面白さは、逆説の面白さですね。善人より悪人の方が救われやすいとか、地獄が自分の住みかだとか、世の中の常識をひっくり返すようなことを言う。さらには「お前が私を信じるなら、私が人を千人殺せと言ったら殺せるか」などとびっくりするようなことを言うわけですね。しかし、その一方で非常に穏やかな人柄が感じられ、〝この人の言っていることは常識はずれだけど、でも信用できる〟と思わせるようなスタイルを身に着けていたことが魅力的だと思います。

私は、親鸞だけでなく、空海や日蓮についてもその人物像を小説に書いています。空海には空海の面白さがあるし、日蓮には日蓮の面白さがある。ただ、その中でも私は『歎異抄』という書物に非常に心打たれますし、そこに表されている親鸞の姿や生き方には大きな魅力を感じずにはいられません。

西洋の思想と親鸞

西谷 修

哲学者

西谷 修 にしたに おさむ

1950年愛知県生まれ。東京大学法学部卒業。東京都立大学大学院フランス文学科修士課程修了。哲学者。明治学院大学文学部教授、東京外国語大学大学院総合国際学研究科教授、立教大学大学院文学研究科特任教授を歴任。現在、東京外国語大学名誉教授。神戸市外国語大学客員教授。『不死のワンダーランド』（青土社）、『夜の鼓動にふれる―戦争論講義』（ちくま学芸文庫）、『理性の探求』（岩波書店）、『アメリカ 異形の制度空間』（講談社選書メチエ）、『私たちはどんな世界を生きているか』（講談社現代新書）など著書多数。

インタビュー：編集部

※このインタビューは『同朋』2023年4月号に掲載されました。

自らの背景にある宗教的伝統を問い直す

――西洋の哲学・思想を研究されている西谷先生が、どのような経緯で親鸞に興味をもたれたのでしょうか。

西洋では、特に20世紀に入ってから、それまでの合理的、理性的な考え方に疑問を抱き、必ずしも合理的ではない人間の基盤から合理性を逆に照らし返していこうとする思想家がたくさん現われました。そういう人たちは、哲学や科学の領域だけでなく、宗教や芸術の領域で何が行われてきたかも問い直していこうとします。私がいちばん興味をひかれたのはそうした哲学者や文学者でした。

そして、宗教と言えばヨーロッパではもちろんキリスト教が主流ですから、キリスト教の伝統と哲学・思想とがどう関わっているかを問題にするようになる。フランスの思想家バタイユやドイツの哲学者ハイデガーなどがその典型です。

そうした西洋の思想家に関心を向けるようになると、当然のことながら今度は私自身の背景にある宗教的伝統が問われてきます。そこで、自分自身の足場を知るために、若い頃から仏教や儒教に関心を持ち続けてきました。

禅宗をはじめとした日本の仏教と西洋の思想を結びつける上で大きな役割を果たしたのは、鈴木大拙です。ただ、信仰を知的に捉えた場合には禅宗が浮かび上がりますが、宗教をもう少し広く考えてみると、人々の日常の信仰が大切ですね。人々が何を信じて日常生活を律していくかを考えてみると、そこには理屈じゃない部分がそうとう含まれる。そういう人々の生活の広がりの中で宗教を考えた場合、日本ではそこに浮上してくるのが親鸞です。

ですから若い頃から、作家の真継伸彦《まつぎのぶひこ》や批評家の吉本隆明など、文学者が書いた親鸞論を読んできました。そして、最終的に出会ったのが、親鸞や法然について数多くの著作を書かれている阿満利麿《あまとしまろ》さんです。彼は文学者でも真宗の教学者でもなく、日本における「信」のあり方を深く考えながら、本人のお言葉を借りれば〝親鸞の教えを「行《ぎょう》」として実践している〟人なんですね。しかも、「親鸞は弟子一人《いちにん》ももたずそうろう」という親鸞の姿勢さながらに、教団の組織に属することを拒みながら、一人で実践なさっているわけです。

東西本願寺は、これまで親鸞の教えを軸にして教団組織を形成し、日本社会の中できわめて重要な役割を果たしてきました。しかし阿満さんは、あえてそこから身を離し、一人の人間として親鸞ならどう生きるかを考えて、現代においてその教えを実践しようとしている人だと思います。ですから阿満さんは、親鸞の教義だけでなく、親鸞が当時の日本社会の中で自分の信をどう形づくり、それが日本仏教史においてどんな意味をもったのかを幅広い視野で考えてこられたと思います。

アウグスティヌスの恩寵論との類縁性

——親鸞の思想は、キリスト教の思想に近いとよく言われますが、西洋思想の専門家として、西谷先生はどうお考えでしょうか。

キリスト教が永続する教団＝教会になる基盤をつくったのは、4～5世紀の神学者アウグスティヌスです。彼は西ローマ帝国が滅亡する頃に活躍した人物で、帝国の権威とは関係なくキリスト教信者の共同体である教会がどうあるべきかを徹底的に考え抜きました。その思想が後のキリスト教会の柱となり、その後トマス・アクィナスらがその考察をもとに神学を作っていきます。さらに後の時代になって、アウグスティヌスの精神が教会体制の中で忘れ去られていったため、もう一度しっかり考えて信仰をつくり直せと主張したのが、ルターやカルヴァンなどによる16世紀の宗教改革です。

だからアウグスティヌスは、最も基本的なキリスト教の思想家なんですね。思想家と言うより、信を知的に突き詰めた人と言った方がよいかもしれません。彼によれば、人間は罪にまみれているために、自分では救いを見出せません。どうあがいても自分の力では無理で、向こうからやってくる神の恩寵《おんちょう》のみが人を信に目覚めさせると言うんですね。ですから、本当に身を捨てて、〝ええい、どうとでもなれ〟と思った時に、恩寵があればその人は信仰に目覚めて罪を悔い改め始める。そうすると救われ、天国が約束されるというわけです。

これは「恩寵論」という議論です。アウグスティヌスの恩寵論は、人の自由意志による行為や功績ではなく、ひたすら神からの恩寵に出会えるかどうかによって、救済の道に入れるかどうかが決まるのです。これは親鸞の「他力」の思想にとても近いと思います。

親鸞は、法然から引き継いだ他力の思想を極限まで究めようとしたわけですね。しかも日常生活の中でそこに至りつき、特別な人だけでなく、みんなに「信ずる」とはこういうことだと示し得たんだと思います。これはもう、キリスト教の核心にまで届いているような普遍性のある思想ですね。

親鸞は、平安朝で祈祷や儀礼を担っていた密教などから離れて、万人が救われる道を説いた。万人が救われるということは、仏教をよく知らない人ですら、仏は救ってくれるというわけです。親鸞はそういう教えを説いて仏教を万人に開き、その結果、日本中に仏教が根付いていくわけですね。

キリスト教に通じる信仰の構造

――親鸞は「信」をとても大事にしましたが、キリスト教もまた信を大切にする宗教だという印象があります。

そうですね。アウグスティヌス以前の初期キリスト教の教父たちは、「イエスを信じることだけがレリギオ（宗教）であり、他は迷信である」と説きました。というのは、ユダヤ教など他の宗教では、基本的に共同体の掟を守って生活することが神に従うことだったのです。そして、掟を守らせるための儀式としてサクリファイス（供儀）がありました。動物を神の生贄に捧げるという儀礼を中心にして、共同体の成員が同じ掟を分かち合うというのが宗教の形態でした。それに対してキリスト教は「信仰」というものを発明したんですね。

大切なのは信仰であって、儀式やしきたりなどは欠いてもいい。共同体などはいつか壊れるものではないか。大切なのは共同体からはみ出して一人ひとりになった孤独な人間であり、本当に救いようのない人間こそが神を求める。そして「貧しさ」から救われる。そういう形の宗教は、キリスト教で初めて始まったのだと思います。

しかもそこに、イエスという人物が現れて、「私を信じれば、みんなが救われる」と言うわけですね。なぜなら、私はみんなの罪を背負って死んだのだから、私を信じれば、みんなの罪は私によって贖《あがな》われたことになる。だから、信じることは解放なんだ、と。こういう論理は、キリスト教が初めてつくったわけです。

一方、法然と親鸞は、平安時代まで貴族だけが信仰してきた仏教を、万人のものとして開いたわけですね。とりわけ親鸞は、自分は何の取り柄もない「凡夫《ぼんぶ》」であるから、弥陀の本願《ほんがん》にすがるしかないと言いました。その本願というのは、法蔵菩薩《ほうぞうぼさつ》が「私の名をとなえて救われない者が一人でもいれば、自分は成仏しない」と言って建てた誓《せい》願《がん》です。そして法蔵菩薩は、現在は阿弥陀仏となって浄土にいる。ということは、本願は成就しているのだから、私たちも阿弥陀仏の名をとなえれば救われるはずだ、というのが念仏衆の確信になるわけです。これは、イエスが全人類の罪を背負って磔《はりつけ》になり、その後に復活したことを信じる者が救われるというキリスト教の信仰の構造と非常に近いわけですね。

キリスト教を一歩超えた親鸞思想の可能性

――西谷先生は現代社会のさまざまな問題についても積極的に発言されていますが、

これからの世界で親鸞の思想を活かしていくとすると、どんな方向性が考えられるでしょうか。

２０２２年の２月に始まったロシアとウクライナとの戦争は、お互いの憎悪で相手を破滅させるまで終わらない消耗戦の様相を呈していますね。

キリスト教の神は天地創造神であり、唯一絶対の神です。そのため、常に原理主義化する可能性がある。自分が「正義」で、「敵」は地獄堕ちです。ですから、キリスト教をベースにした社会は、他者の絶対否定に向かう傾向があります。そして、その他者否定を基本の力学として国家、特に民族国家が抱え込むと、その国が起こす戦争は凄惨な殺し合いになりがちです。

その点、『教行信証《きょうぎょうしんしょう》』の最後の巻が「方便化身土《ほうべんけしんど》」と題されているように、親鸞には「方便」という発想があります。本来、如来は色も形もない存在のはずですが、多くの人々を救いに導くための方便として阿弥陀仏という姿を現している、というのです。つまり、阿弥陀仏さえも方便という観点から相対化していて、唯一神、絶対神にしないわけです。自分の「信」さえ宙吊りにして、その宙に身を委ねる覚悟がある。それが「絶対他力」というものでしょう。これは、キリスト教の教理が陥りがちな罠を免れていて、一歩進んだ教えと言えるのではないかと考えています。

現在の日本では、「安全保障環境の変化」といったことを理由にして防衛力の大幅な増強が図られようとしていますね。もしこの国が戦争に向かいそうになったら、今述べたような親鸞の教えや、仏教にもともとあった「不殺生《ふせっしょう》」の教えを活かして、殺していい他者なんていないということを仏の旨《むね》として掲げていくべきではないかと思います。

親鸞の声に惹かれて

伊藤比呂美
詩人

撮影：岡本 淑

伊藤比呂美 いとう ひろみ

1955年東京生まれ。詩人。78年、現代詩手帖賞を受賞して詩壇にデビュー。80年代の女性詩ブームを牽引する。99年、詩集『ラニーニャ』で野間文芸新人賞、2006年、『河原荒草』で高見順賞、『とげ抜き　新巣鴨地蔵縁起』で07年に萩原朔太郎賞、08年に紫式部文学賞を受賞。15年、早稲田大学坪内逍遥大賞、19年、種田山頭火賞を受賞。『良いおっぱい　悪いおっぱい【完全版】』『閉経記』（共に中公文庫）、『読み解き「般若心経」』（朝日文庫）、『道行きや』（新潮社）、『ショローの女』（中央公論新社）など著書多数。

インタビュー：川村妙慶

※このインタビューは『同朋』2022年2月号に掲載されました。

両親の最期を前にしてお経の言葉と出会う

――2021年に出版された『いつか死ぬ、それまで生きる　わたしのお経』(朝日新聞出版)の前文によれば、伊藤さんがお経の現代語訳に取り組んだきっかけは、ご両親が人生の最期の時期を迎えられたことだったとか。

うちの両親は、戦争を経験した後、高度成長期に身を粉にして働いてきた世代で、物質文明のただ中で生きてきたからか、宗教にはまったく興味がなかったんですね。何も信じていないから、自分を支えるものがなくて、ただ死ぬのを待っているだけみたいな感じ。これじゃあまりにも辛いだろうと思って、「仏教があるよ」とか言ってみたけど、ナシのつぶて。「だったら、ちょっと私が」と思ってお経を読み始めたら、面白くてはまっちゃったんですね。

でも、私も身の回りに仏教の本なんてなかったから、「一家に一冊　わが家の宗教」みたいなシリーズを買いそろえて、最初から最後までぜんぶ読んだんですよ。そうしたら、仏教の考え方というより、お経の美しさに引きつけられて、これを何かに使いたいと思ったんです。

それで、雑誌の連載でお経のことを書くようになって、最初に現代語訳したのは『華《け》厳経《ごんぎょう》』の「懺悔文《さんげもん》」、それから『般若心経』を訳しだしたら、後戻りできなくなっちゃって…。

――お経のどういうところに惹かれたんでしょう。

いちばん最初に思ったのは、お経にはわからない言葉がいっぱい出てくるんですね。それは特別に難しい言葉だけじゃなく、例えば「供養《くよう》」みたいな簡単な言葉でも私にはわからない。それで仏教辞典とか引いてわかった気になっても、もう一回出てくるとまたわからなくなるんですよ。

たぶん日本人なら、「供養」の意味はみんなわかるのでしょう。でも、その「わかる」は、１００％の「わかる」じゃなくて、40％ぐらいで「ああ、わかった」という感じになっちゃってる気がする。それでは、「供養」という言葉の本当の意味や、初めてその言葉を使った人がそこに込めた思いがなくなっちゃう気がして、私はそれにもうちょっとちゃんと向き合いたかったんですね。

――私たちは、恥をかきたくないから、わかったことにしてしまっているんでしょうね。

というか、仏教の言葉が日本文化に深く組み込まれているから、使っているだけだと思いますよ。でも、普段使っている言葉でも、辞書を引いて見るとぜんぜん意味が違っていて「ああ、こんな意味の言葉だったんだ！」と思ったりする。そんなことにも感動したんです。

今でもわからない「親鸞一人がため」の真意

――また、２０２１年には、以前出されていた『歎異抄《たんにしょう》』の現代語訳の本を文庫化して、『伊藤比呂美の歎異抄』（河出文庫）を出版されました。本当にわかりやすい訳で、私が仏教の初心者だった頃にこの本と出会っていたら、もっと仏教が好きになっていたかも、と後悔するぐらい。比呂美マジックにかかったな、と思いました。

ありがとうございます。でも、本当に大切なところをまだ理解できていない気がするんです。例えば、いちばん大切だと思っている「親鸞一人《いちにん》がため」という言葉にしても…。

――「弥陀の五劫思惟《ごこうしゆい》の願《がん》をよくよく案ずれば、ひとえに親鸞一人がためなりけり」というところですね。文庫本でも、この言葉に出会ったことが『歎異抄』を読むきっかけになったと冒頭の文章に書かれています。

ええ。まさか親鸞さんからこういう言葉が出てくるとは思わなかったんですよ。私が長年やってきた詩を書くという作業は、自分の頭の中にある妄想を、汚いものや悪いものも含めてぜんぶ出していく仕事ですから、どんどん自分に向き合っていく。その中で、自分が考えることがいちばん大切で、自分は自分、人は人と思って、他の価値観や概念に惑わされずに生きてきました。

そうしたら、親鸞さんが全く同じようなことを言っているんですね。でも、親鸞さんが考えたことは、私が考えていたこととぜんぜん違うもので、もっと深いものがあるはずだと思う。でも表面だけ訳してみたら、私が考えたことと同じことを言っている。ここがよくわからなくて、今までも何回かわかるような気がしたけど、やっぱり体に入ってこないんですね。

お経の訳をしていても、わからないことがいっぱいあって、ですから『いつか死ぬ、それまで生きる』は、出来上がるまでに10年もかかりました。その10年間に、父や母や飼っていたイヌが死に、その生き死にを自然のありさまと一緒に見ていると、みんな連動しているような気がしてきたんですね。それを突き詰めると環境とか生態系といったことにつながるし、仏教の中にもそういうところがあるな、なんて思ったんですが、しばらくしてから「ちょっと待てよ？」と思ったんですね。お釈迦さまが最初に仏教を始めた時に考えたことは、今の私たちが自然環境を見て思っていることと一緒にしたらダメなんじゃないか、と。

親鸞さんについても、同じことを感じます。普段の私たちが考えることを、普通の言葉を使って、親鸞さんの考えと安易に重ねてしまっては何か大切なことをとりこぼしてしまうんじゃないか、と。

生身の親鸞の肉声が聞きたい

――『伊藤比呂美の歎異抄』では、『歎異抄』だけでなく、親鸞が書いた手紙や和讃、

「正信偈《しょうしんげ》」なども現代語訳されていますね。

ええ。『教行信証《きょうぎょうしんしょう》』も読もうとしたけれど、難しくてなかなか読めなくて、でも「正信偈」は短いから読めたんですね。

実は、「正信偈」の節を初めて聞かせてくれたのは、2018年に亡くなった作家の石牟礼《いしむれ》道子さんでした。対談でお会いした時、「これは正信偈の節です」と言って、石牟礼さんが自分で書いたお経を私に歌って聞かせてくださったの。

――ええっ! それは貴重な経験ですね。

石牟礼さんは真宗門徒ですから、「正信偈」の旋律が身についているのでしょう。彼女の小説に『春の城』という素晴らしい作品があって、天草・島原の乱を描いているからキリシタンの話なんですが、その中に一人、浄土真宗の女性がいて、彼女の言うことにいちばん血肉が通っているんですよ。そこに石牟礼さんの思想と経験が出ているような気がするんですね。

「正信偈」の節を石牟礼さんの高くきれいな声で聞いて、そこから思うのは、『歎異抄』は親鸞さんの声じゃないんですね。あれは弟子の唯円《ゆいえん》さんが聞き取った声ですから。なので、もっと親鸞さんの肉声に近いものはないかと思って訳したのがお手紙なんです。

――「私が興味を持ったのは、親鸞の思想ではなく、親鸞の声であった」と書いておられましたね。親鸞の手紙を読まれて、どんなことを感じられましたか。

面白かったです。特に息子の善鸞《ぜんらん》を義絶《ぎぜつ》した時の手紙なんかは、「うわあ、すごいな！」と思って、まさに生身の親鸞がそこにいると感じました。でも、息子に対して怒っている父親の厳しい声をどんな口調で表したらいいかわからなくて、夏目漱石が弟子を叱っている手紙の口調を少し参考にして訳しました。

それから、親鸞さんの妻の恵信尼《えしんに》のお手紙もいくつか訳しましたが、風邪をひいて寝ている夫の体を探ってみたら火のように熱かったという記述などにも、生身の親鸞を感じますね。

先師たちの積み重ねがあって初めて自分の思想がある

以前、上野の国立博物館で法然と親鸞の特別展をやっていた時、初めて親鸞さんの筆跡を見たんですが、これもすごく面白かった。まるで漢字が書いてあるように見えなくて、昔、中国のシルクロードのあたりにあった西夏《せいか》王朝で使われた西夏文字みたいに、なんかすごく強い字体なんですよね。こんな字を書いていたなんて、やっぱり激しい人なんだと思って。

それと、親鸞さんの肖像画を見ると、ドイツの画家クラナッハが描いたルターの肖像によく似てるんですよ。頬骨が高くて、眼がギョロリとしていて。そもそも2人はやったこともよく似ていて、親鸞は和讃をたくさん作ったけど、ルターも讃美歌を作っていて、今でもルター派の教会ではそれが歌われているんですよ。

――へえ、そうなんですね。伊藤さんは親鸞の和讃を訳されて、どんな印象をもたれましたか。

親鸞さんの和讃には海がよく出てくるし、光や、母と子が歌われているのが多いので、テーマ別に分けて訳しました。あと、自分に対する怒りや悲しみを歌った和讃がすごく好きだったんですよ。自分のことを蛇やサソリのようだと言ったり。

――「正像末《しょうぞうまつ》和讃」の「愚禿悲歎述懐《ぐとくひたんじゅっかい》」で、「悪性《あくしょう》さらにやめがたし　こころは蛇蝎《じゃかつ》のごとくなり」なんて歌われていますね。

自分に真実の心なんてありはしないとか、修行をしても虚仮《こけ》の行だとか、そういうものの考え方がすごく面白かったですね。

それから、『歎異抄』でも「正信偈」でもそうですが、自分を導いてくれた先師たちの名前がたくさん出てくるでしょ。お釈迦さまにはじまって、インドの龍樹《りゅうじゅ》や天親《てんじん》、中国の曇鸞《どんらん》や道綽《どうしゃく》や善導《ぜんどう》、それに日本の源信《げんしん》と源空《げんくう》（法然）がいて、自分がいるという。これは謙遜でもへりくだりでもなく、歴史の中でいろんな人たちが受け継いできた思想があって、初めて自分の思想があるんだと。そういうところを読んでいて、地球の進化のようなものを感じました。

——だから、自分が一人で編み出した言葉なんてひとつもないんだと。そのことを謙虚に認めていますね。

うん、すごく生き生きとした形でね。「正信偈」の詩としての美しさは、そういうところに凝縮している気がします。

メタバースと仏教はどう重なるか

井上智洋
経済学者

撮影：岡本 淑

井上智洋 いのうえ ともひろ

駒沢大学経済学部准教授。経済学者。慶應義塾大学環境情報学部卒業。早稲田大学大学院経済学研究科にて博士（経済学）を取得。専門はマクロ経済学、貨幣経済理論、成長理論。著書に『人工知能と経済の未来』『メタバースと経済の未来』（共に文春新書）、『ヘリコプターマネー』『純粋機械化経済』（共に日本経済新聞出版社）など。

インタビュー：編集部

※このインタビューは『同朋』2023年3月号に掲載されました。

経済から見たメタバースと現実世界

――2022年に上梓された『メタバースと経済の未来』（文春新書）では、これからの社会に「メタバース」という新しい技術が与える影響について考察されています。近年よく耳にするこの言葉ですが、この本では「コミュニケーションできる仮想空間」と説明されていますね。

「メタバース」の定義は議論が分かれるところですが、一般に、自分の分身である「アバター」を使って歩き回り、他の人が操るアバターとお話しすることもできるようなコンピュータ上の仮想空間をメタバースと呼びます。今すぐではないにしても、いずれは世の中を大きく変えるものになりうると思います。

――今後、メタバースの技術が発達していくと、どんな社会になっていくのでしょうか。

経済という観点から見て重要なのは、メタバース内のものは全て「デジタル財」であるということです。例えば、洋服・家具・車・建物などを現実世界で生産するには原材料や労働力が必要ですが、「デジタル財」の場合は不要で、あらゆるものを無償でコピーできてしまいます。電子書籍やデジタル化された音楽などにも言えることですね。

必要なのは、クリエーターです。メタバース内のアバターが着る洋服だと、一着デザインすれば、簡単に複製できてしまう。つまり、ほとんどクリエーターだけが活躍する世界です。

経済学において、生産のための機械などのことを「資本」と呼びます。直接的に生産をするのは主に機械なので、資本家が力を持つのが現実世界です。一方、メタバース内の経済では、資本がほとんど必要ありません。そうなると、資本主義を構成していた最も大きなファクターの重要性が揺らぎ、大きな変化が生まれることとなります。

今後、現実世界とメタバースは対となって進歩していくのではないでしょうか。現実世界は何でもAIがコントロールする「スマート社会」になり、メタバースという仮想空間はどんどん拡大されていく。このように、両者の共通点と相違点を考えるのは非常に興味深いです。

「縁起」の思想とコンピュータの世界

――「アバター」は、サンスクリット語で「権化《ごんげ》」や「化身」を意味する「アヴァターラ（avatāra）」が語源です。真実の世界の存在が「仮の世界に現れる姿」をそう呼ぶのですが、仏教でいう仮の世界とは、私たちの住む人間界を指しています。映画『マトリックス』では、主人公ネオはずっと現実世界を生きているつもりでしたが、実はその世界は人工的に作られた仮想現実でした。現実だと思っても、偽りの世界を生きている。仏教とメタバースの思想には、どこか共通点があるように感じます。

本の第六章で「シミュレーション仮説」を紹介しました。「この世界は異星人や未来人がコンピュータによってシミュレーションした世界である」という説です。まさに『マトリックス』のような信じがたい話なのですが、この仮説の面白いところは、誰もはっきりと否定できないというところなのです。私はこの説を信じていませんが、この世は偽りであるという仏教的な考え方には、非常に共感します。

今回はかなわなかったのですが、実は本の中でも第六章に続いて、仏教の「縁起」

の思想についてふれたいと考えていました。この世界は因縁という関係によって存在していて、それを取り除いた時に確かな世界は存在しない。この縁起の考え方は、コンピュータ世界が扱う「情報」の概念にとても近いと思います。まさに飛び交う情報には実体がなく、関係性によって成り立っているのがコンピュータの世界です。

——縁起は、仏教の基本思想の中でも非常に重要なものですが、「情報」のように現代的な概念とつながりが見出せるのは興味深いです。また、あとがきの部分にはシミュレーション仮説に関連して、荘子《そうし》の「胡蝶《こちょう》の夢」の話が紹介されていますね。

荘子は夢の中で蝶になり楽しく飛んでいたのですが、夢から目覚めた時、自分が蝶の夢を見ていたのか、今の自分が蝶の見ている夢なのか分からなくなってしまったという話が「胡蝶の夢」です。これは有名な故事で、夢も現実も本質的には変わりがなく「万物斉同《せいどう》」、つまりすべて等価であることを体現したものだそうです。

本でこの話を紹介した時にも、仏教のことを少し意識していました。この世が偽りで、夢のようなものであったとしても、あるいはそうでなかったとしても、そこに区別はない。それでも泰然と、悠々としていられるというのが荘子の教えであり、仏教の考え方にも近しい部分があるのではないかなと思っています。

悪を為した人とその責任

――井上さんは経済学がご専門ですが、仏教や哲学などにも幅広い知識を持っておられます。こうした分野にも関心を持つようになったのはいつごろですか。

実は高校生の頃、『般若心経』を全部暗誦できたんです。たまたま当時の先生がお坊さんだったのですが、僕が黒板に『般若心経』を書いてたらびっくりしていました。

――それは先生も驚きますね（笑）。

その頃ぐらいから、哲学や仏教の本は読んでいたと思います。結局、私は経済学者になりましたが、もともとは哲学的な学びをしたかったんです。しかし、哲学者になるためには語学が大切なのですが、私は苦手だったので挫折してしまいました。一方、得意な科目は社会と数学で、そのふたつが得意な人間ができる生業《なりわい》を考えるうち、おのずと経済学の道を進んでいました。

――ご著書の中で、哲学者の柄谷行人さんのファンだと書かれていました。柄谷さんも親鸞の思想に関心を持っておられて、『歎異抄《たんにしょう》』第13章の「わがこころのよくて、ころさぬにはあらず」という内容についてふれられているものがありますね。

柄谷さんが『歎異抄』について書かれていたのは、たしかスピノザなどの自由意志批判について論じている文脈でした。もしこの世が物理法則による因果関係だけで成り立っているのだとしたら、人間の行動に自由意志はありません。自由意志がなければ、責任という概念は成り立ちませんし、人が悪事を為すということすらも消えてなくなってしまうかもしれません。

例えば、もし犬がかみついてきても、私たちは犬が悪だとは言いません。でも、人間の行いだけは、当人に責任があり、悪を為した人を悪人と呼びます。人間には自由意志があるからです。しかし、人が悪を為すというのは、その人自身の心の良し悪しだけではなく、生まれや育ちのほか、様々な関係の中で起こるものです。その意味で、どんな悪人であっても、単にその人だけの責任を問うことはできず、むしろその人の背景に目を向けなければならないのではないか。私の場合、親鸞が説く〝悪人正機《あくにんしょうき》〟についても、この考え方を念頭に置いていています。

〝悪人正機〟とは愛のある教え

――〝悪人正機〟は、『歎異抄』第3章の「善人なおもて往生《おうじょう》をとぐ、いわんや悪人をや」という言葉で知られる親鸞の有名な教説ですが、どんなふうに受け止めておられますか。

最近、一部の学生の間で「社不《しゃふ》」という言葉が流行っているようです。「社会不適合者」の略で、仲間内で「どうせ俺たち社不だから」といったように、自分の失敗などを自虐的に話す言葉です。

そういう意味では私も、自分は〝ならず者〟だと考えてきました。ハメをはずしてしまったこともある。そのせいか、悪人だから救われないという考えはおかしいと、昔から思っていました。悪事をはたらいたからと言って、私たちはその人を憎み、救済に値しないと決めてしまっていいのでしょうか。そうした問題について説かれているのが、「悪人こそ救われる」という悪人正機の言葉ですね。

キリスト教には「博愛」という言葉があります。この言葉が、性格の良い人や愛らしい人を愛すると言う意味ならば、それはあまりにも当たり前のことになってしまいます。そうではなくて、むしろ自分の敵や、どうしようもない悪人を愛する。だからこそ、わざわざ「博愛」という言葉で表現されるような、心のはたらきになるのだと思うのです。

人間は弱い生き物です。だから、憎む相手を愛するのは簡単なことではありませんし、憎んでしまうことはやむをえないのかもしれない。しかし、どんなひどい人間であったとしても、神や仏の視点から見れば、救われなくてはいけない対象であるということは、頭の片隅に必ず持っておくべきです。悪人正機は、キリスト教の博愛にも通じるような、本当に愛のある教えだなと感じています。

――経済という視点から見ると、悪人正機や博愛というものはどのように考えられますか。

経済と宗教とは、遠いイメージですよね。ただ、例えばお金など物質的に豊かになることが心の余裕を生んで、精神的な世界に興味を持つこともありえるのかなと思います。本当は、どんなに貧しい時であっても正しい考えを持とうとしなくてはならないのだと思いますが、理想論だけでは難しい。

日本は平成の30年間、デフレ不況による経済停滞がありました。現代は「貧すれば鈍する」ではないですが、心の余裕がなくなって攻撃的になっている人が多いのかもしれません。ですからある程度、おいしくて健康的な食事や、ゆったりとした家に住めるということが、仏教の教えを聞いていく上でも大切なのかなと思います。

お釈迦さまの時代の在家信者には、商人も多かったと聞きます。資本主義的なお金儲けと宗教は相反する部分もあるでしょうが、真っ向から対立しているとも言えないのかもしれません。物質的な豊かさは、弱い立場の人の支援や仕組みづくりにも使うことができますし、使い方が大切です。

現代作家が親鸞を読む

高橋源一郎
作家

撮影：岡本 淑

高橋源一郎 たかはし げんいちろう

1951年広島県生まれ。作家、評論家、明治学院大学名誉教授。81年、『さようなら、ギャングたち』が群像新人長編小説賞の優秀作に選ばれ、小説家デビュー。その後、『優雅で感傷的な日本野球』で第1回三島由紀夫賞、『日本文学盛衰史』で第13回伊藤整文学賞、『さよならクリストファー・ロビン』で第48回谷崎潤一郎賞を受賞。その他、『「ことば」に殺される前に』（河出新書）、『ぼくらの戦争なんだぜ』（朝日新書）など著書多数。親鸞に関する著書に『一億三千万人のための『歎異抄』』（朝日新書）がある。

インタビュー：花園一実

※このインタビューは『同朋』2022年6月号に掲載されました。

宗教も文学もロジックで割り切れないもの

――高橋さんは、どういう経緯で親鸞に関心を持たれるようになったのですか。

もともと仏教は、葬式ぐらいでしかふれる機会もなく、興味は、ほとんどありませんでした。でも武田泰淳《たいじゅん》という大好きな作家がいて、彼自身が浄土宗の僧侶でもあったので、それで仏教って面白そうだなと。そこから『歎異抄《たんにしょう》』を読みました。親鸞と弟子の唯円《ゆいえん》との対話に、プラトンが描いたソクラテスの対話篇にも似た哲学的な面白さを感じて、日本にもこういう優れた書物があるのかと衝撃を受けたことを覚えています。

大学で教えていた頃、最初に受け持った大学院生の修士論文を手伝う中で、彼がカトリックの「幼児洗礼」を受けていたことを知りました。その時に初めて、神学者のカール・バルトと聖書学者のオスカー・クルマンとの幼児洗礼をめぐる論争を知ったのです。そこには宗教に対する根本的な問いが含まれていて、非常に面白いんですね。簡単に言いますと、バルトは幼児洗礼は間違っていると主張し、「幼児洗礼は教会につけられた傷だ」と、激烈な批判を行ったのです。信仰とは神との一対一の契約であり、何の意志もない赤ん坊に洗礼を受けさせるのはおかしいと。近代人にとってはよくわかるロジックですよね。しかしそれに対してオスカー・クルマンは、「信仰とは神との一対一の契約ではない」と反論しました。なぜなら信仰とは「神からの一方的な贈与」であるからだと。この論争は決着がついていないんですが、ぼくはクルマンの主張の方に共感します。

それで、よく考えてみると、これは親鸞の信仰の形、つまり他力に通じているのではないかと思いました。バルトの主張は言ってみれば自力の信仰なんですね。──これだけ献身的に自分をささげたのだから、それに見合った見返りが返ってくるべきだと。

そう、つまりそれは資本主義の等価交換の原理であって、免罪符と一緒です。信仰とは実存的な賭けであるにもかかわらず、等価交換になってしまっているという矛盾をクルマンはバルトに突きつけた。そもそも信仰って基本的に割に合わないものなんです。イエス・キリストだってゴルゴダの丘で十字架に架けられたのはなぜかというと、全人類の罪をかぶるためです。自分にとって何の関係もない人々のために身を滅ぼす。こんなに割に合わないことはない。でも、キリスト教的な愛とはそういうことなんですね。

宗教も文学も、本当はロジックで割り切れないところにあるものだと思うんです。だって人間は結局、最後には割り切れないものが、どうしたって残るわけでしょう。善行や修行をどれだけ積み上げたって最後には死んでしまうんだから。じゃあ、何のために生きるのかっていう問いがどうしても残る。でも親鸞の、例えば悪人正機《あくにんしょうき》の思想などは、積み上げた分だけその報いが返ってくるっていう、当たり前のロジックを吹き飛ばしてしまった。そこがすごい。

現代文学に通じる親鸞の発想

もう一つ、ぼくが親鸞のすごさを感じるのが称名念仏《しょうみょう》なんです。称名、つまり仏の名を口でとなえるだけだから、中身はどうだろうと関係ない。ただ言葉にすればいいんだと。これなんて完全に現代作家の発想ですよ。普通に考えれば、心が伴わなければ意味がない。当時、称名念仏には菩提心《ぼだいしん》が伴わないと法然や親鸞を批判していた人たちの方が、ロジックとしてはよっぽど正しいんです。口先でとなえるだけでいいなんて、どう考えてもおかしいじゃないですか。

でも、実は文学もそうなんです。文学作品って、作家がこうしようと思って書いているわけじゃないんです。心を言葉にしているんじゃない。言葉が先にあるんです。書いている作者の内面は関係ない。だから国語のテストでよく「この時の作者の気持ちを答えなさい」っていう設問がありますよね。あれは問題として全く成り立たないんですよ。文学の世界には、ただ言葉だけがある。そういう意味で、称名念仏というのは作家的な発想に近いものだと思います。

――意図せずに自ずと出てきた言葉によって、かえって自分が照らされるということもありますね。

言葉によって自分が変わっていく。自分の言葉に導かれるんですね。だから言葉そのものが非常に他力的だというのが作家の感覚です。普通、言葉って自力的なものだと思うでしょう。近代文学などは自力の文学です。主人公がここでどう思って行動し、どうストーリーが展開するか、自分の頭で全部組み立てて、考えながら書いていく。でも真の文学性はそういうものではないのではないかというのが、近代以降の現代作家の考え方です。

そもそも言葉というのは全部他人の言葉なんです。それを新しく組み合わせて作品を作り上げ、それを自分で読んでみて自分で驚いたりするんですね。言葉の方から救済の光がやってくる。それが現代文学です。自力から他力に変わったんです。

——以前、高橋さんは「文学作品は創作ではなく借り物だ」とおっしゃっていましたね。小説空間の中に置いてあったものを使って書いているだけで、つまりパブリックなものなんだと。逆にプライベートな思いで書いている人の作品は大抵、おもしろくないと。

そうなんです。

——親鸞は称名念仏のことを、ただの行とは言わずに、「大行《だいぎょう》」という言い方をするんですね。この「大」の字は人間から為される行為ではないという意味なんですが、いま言われたパブリック性を表していると言えるかもしれません。親鸞に言わせると、念仏というのは阿弥陀仏とともにある無数の諸仏《しょぶつ》たちの称名で、そこに歴史性を持っているのだと。それを私たちは自分の声を通して、あくまで「聞く」という立場になるんです。妙好人《みょうこうにん》（註）の浅原才市《あさはらさいち》という方は、それを「声の声」と表現しました。プライベートな私の領域から発されたものじゃない。向こうからやって来た阿弥陀の声が、自分を通して声となる。だからそれは「声の声」だと。

だから親鸞って、読めば読むほど作家的、というか現代文学的なんですね。そこがぼくにとっては、すごく親しみやすいんですよ。

（註）妙好人…浄土真宗の在俗の篤信者。

弟子に弱みを見せることが師からの最大の贈与

あとは師と弟子の関係がおもしろいですね。「たとい、法然聖人にすかされまいらせて、念仏して地獄におちたりとも、さらに後悔すべからずそうろう」（『歎異抄』第2章）。仮に法然上人が間違っていたとしても、私はついていきますと。これは本当に素晴らしい。普通に考えると、先生というものは間違ってはいけない。もし間違っていたら弟子は先生を正すものです。でも、親鸞はそのまま受け入れる。それも正しいから受け入れるというわけではなく、間違いも含めてそのまま受け入れると。つまり先生でさえ間違うのだから、自分も間違えるということがちゃんとわかっているんですね。

ぼくは、師と呼ばれる人の最後の大仕事は、弟子に間違っているところを見せることだと思うんです。ただ素晴らしい人だけで終わってしまったら、その師は最後の仕事をしていない。完全無欠ではない、弱い部分を見せてあげること。それは師からの贈与なんです。ドストエフスキーの『カラマーゾフの兄弟』という作品で、主人公のアリョーシャは、ゾシマ長老という自分の先生が亡くなった時、聖人である彼の遺体が奇跡によって死後も腐らないことを信じていました。でも実際ゾシマの遺体は、普通の人間と同じように腐敗してしまう。彼の信仰はそこですごく動揺してしまうんです。でも、その出来事がやがて彼を真実の信仰に目覚めさせていくんですね。あれが最高の師というものですよ。

——親鸞も亡くなる時は、往生を疑われるような最期だったと言われています。徳の高い僧侶には起こるはずの臨終の奇跡が、親鸞には起こらなかった。だから娘さんから「お父さんは本当に往生したのでしょうか」と疑問を持たれたりしているんです。

親鸞の発想は常に身体性を忘れていない

そういうところが、すごくいい。人間というのはそもそも矛盾をはらんだ存在です。親鸞は身体性ということを、すごく重視していたのではないでしょうか。それ以前にそもそも釈迦という人物が、肉体を超越しようとする苦行から離れて、身体性に帰っていった人でした。苦行って肉体否定ですからね。言葉の世界と肉体の間には本質的に矛盾があるんですよ。言葉でいくら永遠とか真理と言っても、肉体は有限だし腐っていきます。でも、そこに宗教性が生まれるんです。

おそらく親鸞の言葉って、肉体に近いところから出ているんですね。一度、身体的なところに還元されてから出てきているという気がします。悪人正機《あくにんしょうき》だって、ロジックとしてはおかしいけれども、身体的には不思議としっくりくる気がするんです。

——「悲しきかな、愚禿鸞《ぐとくらん》、愛欲の広海に沈没《ちんもつ》し、名利《みょうり》の太山《たいせん》に迷惑《めいわく》して、定聚《じょうじゅ》の数《かず》に入ることを喜ばず」。こんなに素晴らしい教えが目の前にあるのに、自分はそれを喜べない。身体がそれを拒んでしまっているんだと、悲しみを込めて親鸞は書くわけです。

それこそが親鸞だとぼくは思います。言葉は身体性を失ってしまうと、理想論や美辞麗句になってしまう。でも親鸞は身体性を常に忘れていなかった。この肉体をどうするのか、というのが親鸞の思考や発想の基盤にあるように思います。

それは何度も言いますように、作家の発想に近いんですよ。特に『歎異抄』なんか、読んでいるとほぼ文学論のような気がしてきます。人間の身体はいつか朽ちていく。でもその中で生きていくための希望や原理、願いを探し求めながら生きている。だからこそ人間には言葉が必要なんです。ぼくたちが文学を作るのもそのためで、そういう意味で、作家も宗教家もやっていることは、ほとんど変わらないんじゃないかとさえ思いますね。

逆境の時代に親鸞から学ぶ

姜尚中
政治学者

姜 尚中 かん さんじゅん

1950年熊本県生まれ。早稲田大学大学院政治学研究科博士課程修了。東京大学大学院教授、聖学館大学学長などを経て、現在は東京大学名誉教授、熊本県立劇場理事長兼館長、鎮西学院学院長兼大学学長。専攻は政治学、政治思想史。『マックス・ウェーバーと近代』『オリエンタリズムの彼方へ　近代文化批判』（共に岩波現代文庫）、『悩む力』『アジアを生きる』（共に集英社新書）ほか著書多数。2023年には、集英社創業95周年記念企画『アジア人物史』（全12巻）の総監修を担当。

インタビュー：編集部

※このインタビューは『同朋』2023年6月号に掲載されました。

苦難をどう理解するかが親鸞思想の最大の意味

——姜先生が2022年11月に刊行された『生きる意味』（毎日新聞出版）には〝私たちは今、「逆境」の時代を生きており、だからこそ「人生の意味」を真剣に考えてみる必要がある〟ということを書かれています。この「逆境」とは、どういう意味で言われているのでしょうか。

ドイツの哲学者ヤスパースは、インドで釈迦が現れ、中国では孔子、ギリシャではソクラテスなどが出現して、人類史の中で大きな教えができあがっていった紀元前500年前後を「枢軸時代《すうじくじだい》」と呼びました。

さらに時代が下って16世紀ぐらいから近世が始まり、その後の近代も含めて約500年近く、それまでとは違う考え方がヨーロッパから世界に広がっていきました。その時期には、未知のものを既知《きち》に変えていくことでいい社会に向かっていくという方向感覚があったと思います。しかし現代は、そういう方向性が見えなくなり、次がまったく見えない不安の中に生きている。非常に大きく捉えれば、そういう時代が「逆境」なのではないかと考えています。

——親鸞は、今から８００年ほど前の鎌倉時代を生きたわけですが、これもまた飢饉や疫病や戦乱が続く逆境の時代だったと思います。

親鸞は、90歳という あの時代にしては大変な長寿を全うしましたね。そして長寿であるがゆえに、信頼するわが子との関係を断つなど、ずいぶんと懊悩《おうのう》したのではないかと思います。それはヨーロッパで言えば、煉獄《れんごく》と言うか、苦悩の業火に焼かれるような時代、あるいは人の心も世の中もみんな〝乱〟の中にあるような〝内乱の時代〟とも言えるでしょう。親鸞はそんな時代を生きていたのではないでしょうか。

キリスト教には「神義論《しんぎ》」という議論があります。絶対者である神がおつくりになった世界なのに、なぜこんなに悪がはびこるのか。そして、なぜ自分にはこんなに苦難が重なるのか。多くの人は、そこから自分の罪深さを自覚したり、あるいは逆に神や仏から離れていくということになってしまうのでしょう。

おそらく親鸞の教えの最大の意味は、この苦難というものをどう理解するのか、そして、それを仏の存在とどう整合性をもって結びつけるのかということにかかっているのではないでしょうか。そして、その果てにたどり着いたのが、〝ひとえに弥陀にすがる〟ということだったのだろうと思います。親鸞はそのことを他力という言葉で考え抜き、みごとに実践した。その点で、ヨーロッパのルターやカルヴァンに匹敵するほどの世界史的な意味をもっているのではないかと思っています。

革命家ではなく宗教家として世界を変えた

――2012年に出版された『続・悩む力』(集英社)では、アメリカの心理学者ウィリアム・ジェイムズの「二度生まれ」という概念を紹介しておられます。「二度生まれ」とは、内省的・悲観的で懐疑的な人―先生はそれを「病める魂」とおっしゃっていますが、そういう悩み深い人は「二度生まれ」を経ることによってより深い叡智に達することがあると書いておられます。親鸞もまた一生悩み、疑い続けた人ですが、親鸞にもし「二度生まれ」があったとしたら、それはどのようなものでしょうか。

親鸞は、いったん比叡山延暦寺に入門したものの、山を下りて法然と出会い、独自の道を歩んでいきましたね。その時に、やはり大きな転機があったと思います。

「二度生まれ」というのは、言葉を変えれば〝カリスマ革命〟とも言えると思います。自分の中にコペルニクス的な転換が起きた時、自分が変わるだけでなく、それに沿って世界を変えようとする。それは革命家が夢見るようなことですが、親鸞は革命家ではなく宗教家として世界を変えていった。自分の中で内発的に大きな転換が起き、その結果たどりついた独自の思想を自分自身や弟子たちが人々に伝えることによって、世界が変わっていったわけです。

親鸞は、書斎に籠って思索する人ではなく、民と出会い、自分の中に起きたさまざまな思想の変化を伝えることによって、いわば〝信仰の永久革命〟を起こしていった人ではないか。ですから、悟りや安心立命を得ることによってスコラ学派的な静寂主義に至るといったこととは無縁な人だったのではないかと私は勝手に想像しています。

ウェーバーが理解した日本の浄土真宗とは

――先生はキリスト教の信仰をおもちですが、親鸞の思想とキリスト教は似ているとよく言われますね。先生はどうお考えでしょうか。

ドイツの社会学者マックス・ウェーバーは、『世界宗教の経済倫理』という著作の一部で、儒教と道教、ヒンドゥー教と仏教を取り上げ、アジアの宗教の基本的性格について述べています。その中でウェーバーは、カルヴァン主義に近いものとして浄土真宗の阿弥陀信仰を取り上げているのです。彼は、仏教とは基本的に、修行をして悟りを開き、解脱《げだつ》を得るという「達人《たつじん》宗教」であって、ユダヤ・キリスト教的な「平民宗教」とはかなり違うものだと考えていました。しかし、親鸞の教えには平民宗教的な面があり、その点でカルヴァンやルターなどの宗教改革者に近いものをもっていたとも指摘しています。浄土真宗が日本仏教の中では最大の勢力を有し、しかもそれが800年も続いてきたというのは、やはりそうした平民的な広がりをもっていたからなのでしょう。

――先生は常々、現代社会において「創造性」が最高の価値をもっているかのような考え方に疑問を投げかけておられますね。そのことは、親鸞の教えが「達人宗教」的ではないということにも通じるように思います。

そうですね。創造性を発揮して自分らしさを表現する、といったことに人間の価値をおいてしまうと、それができない人は無価値ということになってしまいます。そうではなくて、たとえ体が悪くて身動きできなくても、あるいは老衰で寝たきりになっても、人は何かしら人間的な価値を持ち得る。世界中にある種の間違った優生思想が跋扈《ばっこ》している今日、生きとし生けるもの全てに価値があるという親鸞の考え方には重要な転換点があるように思います。

――それにしても、ウェーバーが浄土真宗について論じていたとは知りませんでした。

2008年に亡くなった評論家の加藤周一さんは、亡くなる直前にカトリックに帰依して洗礼を受けられましたが、1960年代には親鸞についていくつかエッセーを書いておられます。その中で、親鸞の宗教意識とヨーロッパの宗教改革以後の動きを比較しながら述べた文章がいくつかあったと思います。それを読んだ時には私も目からうろこが落ちるぐらい驚きましたが、おそらくかつてのヨーロッパにも浄土真宗に関心をもった宗教家や宗教学者は何人かいたんじゃないかと思いますよ。

大きないのちの流れに自分はつながっている

——『生きる意味』には「祈りの時間」という章があって、そこではデューラーの「祈る手」という絵を引き合いに出しながら、人が祈ることの意味を問うておられます。先生にとって祈りとはどういう行為なのでしょうか。

　私にとって祈りは、イスラム教徒の礼拝のように習慣づけられた儀式ではなく、ふとした時に何かが降りてくるような感じで「祈りたい」という気持ちになるんですね。それはやはり、自分は一人ではなく、聖なるものと結びついている。それは自分を生み出した無数の先達かもしれないし、何かしら自分を超えたものと自分はつながっているという感覚でしょう。

——『歎異抄』には「一切の有情《うじょう》は、みなもって世々《せせ》生々《しょうじょう》の父母《ぶも》兄弟なり」という親鸞の言葉がありますが、そういう生命の連なりの中で自分も生かされているという感覚なのでしょうね。

正岡子規の短歌に「真砂《まさご》なす数なき星の其中《そのなか》に吾に向ひて光る星あり」というのがあります。人はそうやって無数の星が輝く天空を見上げながら、自分が孤独であると同時に、宇宙の何かとつながっているという感覚を呼び覚まされることがあるのでしょう。その時には、自分の自我とか自己主張といったものがなくなり、自分自身がひとつの容器になって、いろんなものを受容できるという感覚になる時があります。そういう時に、祈りというのが大切になってくるのだと思います。

私もやはり古希を過ぎてから、かなり心境が変化してきて、自分が大きな生命の流れの中にいるということがだんだんとわかってきました。冒頭で申し上げたように、時代の流れがどっちに向かっているのかわからない逆境の中で、過去からずっと続いてきた大きな生命の流れの中に自分はいるんだという確信が得られれば、不安や焦燥感をあまり感じずにすむのではないかという感じがします。

最近は、妻と一緒に野菜づくりを楽しむようになりました。小さな家庭菜園ですが、そこで自分に必要な野菜を自分でつくって、それを口にするとすごく充実感がありますよ。やはり自分も自然界の食物連鎖の中に生きているという、自分と自然とのつながりを確かめる意味で充実している気がします。

福島第一原発事故の後、避難指示が出た福島県浪江町に入ったことがあります。人影がなく、野生化した家畜しかいない荒涼たる風景の中で、アスファルトで舗装された道に小さなレンゲの花がぽつんと咲いていたんですね。それを見た時、非常に感動しました。普段なら、こんな小さな花なんて踏んづけて歩いているような自分なのに、その時はすごく心打たれました。

漱石に「菫程《すみれほど》な小さき人に生まれたし」という俳句がありますね。この小さなスミレのようなものに自分も生まれたかった、と。私もまた、家庭菜園で小さな草花や野菜と出会う時、浪江で経験したレンゲの花を思い出します。そのよすがとなっている野菜づくりは、これからも続けていきたいと考えています。

川村妙慶

かわむら みょうけい

1964年北九州市生まれ。京都市在住。真宗大谷派僧侶。アナウンサー。

花園一実

はなぞの かずみ

1982年京都生まれ。幼少期に真宗大谷派東京教区圓照寺に入寺。現在は住職となる。親鸞仏教センター元研究員。真宗大谷派東京教区教学館主幹。『マンガで味わうブッダの教え 帰り道で話そうよ』(東本願寺出版)の原案を担当。

撮影:岡本 淑

四衢 亮

よつつじ あきら

1958年岐阜県生まれ。真宗大谷派岐阜高山教区不遠寺住職。真宗大谷派青少幼年センター研究員。著書に『時言』『歎異抄の世界にたずねて』『観無量寿経の教え』「ワンコインブックシリーズ」(以上、東本願寺出版)などがある。

撮影:瀧本加奈子

親《しん》鸞《らん》万《まん》華《げ》鏡《きょう》

2023（令和5）年12月10日　第1刷発行

発行者　木越　渉
発行所　東本願寺出版（真宗大谷派宗務所出版部）
〒600-8505
京都市下京区烏丸通七条上る
TEL 075-371-9189（販売）
075-371-5099（編集）
FAX 075-371-9211

デザイン　藤本孝明＋藤本有香＋如月舎
印刷・製本　中村印刷株式会社

 ISBN978-4-8341-0683-1 C0015